DIREITO DO TRABALHO NO STF

Georgenor de Sousa Franco Filho

DIREITO DO TRABALHO NO STF

25

LTr

LTr®

EDITORA LTDA.

Rua Jaguaribe, 571
CEP 01224-003
São Paulo, SP — Brasil
Fone (11) 2167-1101
www.ltr.com.br
Novembro, 2022

Produção Gráfica e Editoração Eletrônica: GRAPHIEN DIAGRAMAÇÃO E ARTE
Projeto de Capa: DANILO REBELLO
Impressão: META BRASIL

versão impressa — LTr 6380.4 — ISBN 978-65-5883-170-9
versão digital — LTr 9587.7 — ISBN 978-65-5883-171-6

Dados Internacionais de Catalogação na Publicação (CIP)
(Câmara Brasileira do Livro, SP, Brasil)

Franco Filho, Georgenor de Sousa

Direito do trabalho no STF 25 / Georgenor de Sousa Franco Filho. — São Paulo : LTr, 2022.

Bibliografia
ISBN 978-65-5883-170-9

1. Brasil. Supremo Tribunal Federal 2. Direito do trabalho — Brasil 3. Direito processual do trabalho 4. Direitos coletivos 5. Direitos individuais 6. Previdência social 7. Serviço público I. Título.

22-117799 CDU-34:331(81)

Índices para catálogo sistemático:
1. Brasil : Direito do trabalho : 34:331(81)

Cibele Maria Dias — Bibliotecária — CRB-8/9427

PRINCIPAIS OBRAS DO AUTOR

De autoria exclusiva

1. *Direito do mar*. Belém: Imprensa Oficial do Estado do Pará, 1974 (esgotado).
2. *A proteção internacional aos direitos humanos*. Belém: Imprensa Oficial do Estado do Pará, 1975 (esgotado).
3. *O pacto amazônico:* ideias e conceitos. Belém: Falângola, 1979 (esgotado).
4. *Imunidade de jurisdição trabalhista dos entes de direito internacional público* (Prêmio "Oscar Saraiva" do Tribunal Superior do Trabalho). São Paulo: LTr, 1986 (esgotado).
5. *Na vivência do direito internacional*. Belém: Cejup, 1987 (esgotado).
6. *Na Academia:* imortal por destino. Mosaico cultural (em colaboração). Belém: Falângola, 1987 (esgotado).
7. *Guia prático do trabalho doméstico*. Belém: Cejup, 1989 (esgotado).
8. *A arbitragem e os conflitos coletivos de trabalho no Brasil*. São Paulo: LTr, 1990 (esgotado).
9. *Liberdade sindical e direito de greve no direito comparado (lineamentos)*. São Paulo: LTr, 1992 (esgotado).
10. *Relações de trabalho na Pan-Amazônia: a circulação de trabalhadores* (Tese de Doutorado na Faculdade de Direito da Universidade de São Paulo). São Paulo: LTr, 1996. (esgotado)
11. *A nova lei de arbitragem e as relações de trabalho*. São Paulo: LTr, 1997 (esgotado).
12. *Globalização & desemprego:* mudanças nas relações de trabalho. São Paulo: LTr, 1998 (esgotado).
13. *Direito do trabalho no STF (1)*. São Paulo: LTr, 1998.
14. *Competência Internacional da Justiça do Trabalho*. São Paulo: LTr, 1998.
15. *O servidor público e a reforma administrativa*. São Paulo: LTr, 1998.
16. *Direito do trabalho no STF (2)*. São Paulo: LTr, 1999.
17. *Tratados internacionais*. São Paulo: LTr, 1999.
18. *Direito do trabalho no STF (3)*. São Paulo: LTr, 2000.
19. *Globalização do trabalho:* rua sem saída. São Paulo: LTr, 2001.
20. *Direito do trabalho no STF (4)*. São Paulo: LTr, 2001.
21. *Direito do trabalho no STF (5)*. São Paulo: LTr, 2002.
22. *Direito do trabalho no STF (6)*. São Paulo: LTr, 2003.
23. *Direito do trabalho no STF (7)*. São Paulo: LTr, 2004.
24. *Ética, direito & justiça*. São Paulo: LTr, 2004.
25. *Direito do trabalho no STF (8)*. São Paulo: LTr, 2005.
26. *Direito do trabalho no STF (9)*. São Paulo: LTr, 2006.
27. *Trabalho na Amazônia:* a questão dos migrantes. Belém: Unama, 2006.
28. *Direito do trabalho no STF (10)*. São Paulo: LTr, 2007.

29. *Direito do trabalho no STF (11)*. São Paulo: LTr, 2008.

30. *Direito do trabalho no STF (12)*. São Paulo: LTr, 2009.

31. *Avaliando o direito do trabalho*. São Paulo: LTr, 2010.

32. *Direito do trabalho no STF (13)*. São Paulo: LTr, 2010.

33. *Direito do trabalho no STF (14)*. São Paulo: LTr, 2011.

34. *Direito do trabalho no STF (15)*. São Paulo: LTr, 2012.

35. *Direito do trabalho no STF (16)*. São Paulo: LTr, 2013.

36. *Direito do trabalho no STF (17)*. São Paulo: LTr, 2014.

37. *Curso de direito do trabalho*. São Paulo: LTr, 2015. 2ª ed., 2016. 3ª ed., 2017, 4ª ed., 2018, 5ª ed., 2019.

38. *Direito do trabalho no STF (18)*. São Paulo: LTr, 2015.

39. *Direito do trabalho no STF (19)*. São Paulo: LTr, 2016.

40. *Intimidade e privacidade do trabalhador (Direito internacional e comparado)*. São Paulo: LTr, 2016.

41. *Direito do trabalho no STF (20)*. São Paulo: LTr, 2017.

42. *Reforma trabalhista em pontos*. São Paulo, LTr, 2018; 2ª ed., 2018.

43. *Direito do trabalho no STF (21)*. São Paulo: LTr, 2018.

44. *Direito do Trabalho no STF (22)*. São Paulo, LTr, 2019.

45. *Direito do Trabalho no STF (23-24)*. São Paulo, LTr, 2021.

Obras coordenadas

1. *Direito do trabalho e a nova ordem constitucional*. São Paulo: LTr, 1991. Da distinção entre atos de império e de gestão e seus reflexos sobre os contratos de trabalho celebrados com entes de Direito Internacional Público. p. 29-54 — sem ISBN.

2. *Curso de direito coletivo do trabalho (Estudos em homenagem ao Ministro Orlando Teixeira da Costa)*. São Paulo: LTr, 1998. Negociação coletiva transnacional. p. 291-307 — ISBN 85-7322-366-9.

3. *Presente e futuro das relações de trabalho (Estudos em homenagem ao Prof. Roberto Araújo de Oliveira Santos)*. São Paulo: LTr, 2000. Globalização, a Amazônia e as relações de trabalho. p. 242-257 — ISBN 85-7322-858X.

4. *Direito e processo do trabalho em transformação* (em conjunto com os Ministros Ives Gandra da Silva Martins Filho e Maria Cristina Irigoyen Peduzzi e os Drs. Ney Prado e Simone Lahorgue Nunes). São Paulo: Campus/Elsevier, 2007. Relações de trabalho passíveis de apreciação pela Justiça do Trabalho. p. 145-155 — ISBN 978-85-352-2432-0.

5. *Trabalho da mulher (Estudos em homenagem à jurista Alice Monteiro de Barros)*. São Paulo: LTr, 2009. Contratos de trabalho por prazo determinado e garantia de emprego da gestante, p. 177-184. ISBN 978-85-361-1364-7.

6. *Temas atuais de direito*. Rio de Janeiro: GZ, 2013. Deslocalização interna e internacional, p. 29-38. ISBN 978-85-62027-21-5.

7. *As lendas da Amazônia e o direito*. Rio de Janeiro: GZ, 2014. Prefácio explicativo, p. VII-VIII; Lendas, mitos, fábulas e contos populares, p. 1-3. ISBN 978-85-62027-39-0.

8. *Temas atuais de direito* (volume II). Rio de Janeiro: GZ, 2014. Danos ao trabalho e necessidade de reparação. p. 77-96. ISBN 978-85-62027-54-3.

9. *Direito internacional do trabalho*. O estado da arte sobre a aplicação das convenções internacionais da OIT no Brasil (coorganizador: Valério de Oliveira Mazzuoli). São Paulo:

LTr, 2016. Incorporação e aplicação das convenções internacionais da OIT no Brasil, p. 15-23 (coautoria: Valério de Oliveira Mazzuoli). ISBN 978-85-361-8711-2.

10. *Reforma trabalhista:* perspectivas do mundo do trabalho no Brasil (coorganizadores: Gustavo Moreira Pamplona e Jeferson Antônio Fernandes Bacelar). Rio de Janeiro: Lumen Juris, 2018. Perspectivas do mundo do trabalho, do direito do trabalho e da Justiça do Trabalho, p. 27-42. ISBN: 978-85-519-0979-9.

Obras em coautoria

1. *Estudos de direito do trabalho* (*homenagem ao Prof. Júlio Malhadas*) (Coordenação: Profª Anna Maria de Toledo Coelho). Curitiba: Juruá, 1992. Imunidade das organizações internacionais. Um aspecto da competência internacional da Justiça do Trabalho. p. 294-303 — sem ISBN.

2. *Processo do trabalho (homenagem ao Prof. José Augusto Rodrigues Pinto)* (Coordenação: Dr. Rodolfo Pamplona Filho). São Paulo: LTr, 1997. A nova sistemática do agravo de petição. p. 369-378 — ISBN 85-7322-305-7.

3. *Estudos de direito do trabalho e processo do trabalho (homenagem ao Prof. J. L. Ferreira Prunes)* (Coordenação: Drs. Juraci Galvão Júnior e Gelson de Azevedo). São Paulo: LTr, 1998. O princípio da dupla imunidade e a execução do julgado contrário a ente de Direito Internacional Público. p. 80-92 — ISBN 85-3722-385-5.

4. *Manual de direito do trabalho (homenagem ao Prof. Cássio Mesquita Barros Júnior)* (Coordenação: Dr. Bento Herculano Duarte Neto). São Paulo: LTr, 1998. Suspensão do trabalho — Suspensão e interrupção. p. 325-336 — ISBN 85-7322-380-4.

5. *Direito internacional no terceiro milênio (homenagem ao Prof. Vicente Marotta Rangel)* (Coordenação: Profs. Luiz Olavo Baptista e J. R. Franco da Fonseca). São Paulo: LTr, 1998. Considerações acerca da Convenção Internacional sobre a Proteção do Trabalhador Migrante. p. 653-665 — ISBN 85-7322-417-7.

6. *Direito do trabalho (homenagem ao Prof. Luiz de Pinho Pedreira da Silva)* (Coordenação: Drs. Lélia Guimarães Carvalho Ribeiro e Rodolfo Pamplona Filho). São Paulo: LTr, 1998. Importância do direito internacional para o direito do trabalho. p. 71-77 — ISBN 85-7233-545-9.

7. *Estudos de direito (homenagem ao Prof. Washington Luiz da Trindade)* (Coordenação: Drs. Antônio Carlos de Oliveira e Rodolfo Pamplona Filho). São Paulo: LTr, 1998. Imunidade de jurisdição dos entes de direito público externo. p. 448-455 — ISBN 85-7322-539-4.

8. *Direito sindical brasileiro (homenagem ao Prof. Arion Sayão Romita)* (Coordenação: Dr. Ney Prado). São Paulo: LTr, 1998. Contribuições sindicais e liberdade sindical. p. 144-152 — ISBN 85-7322-543-2.

9. *Ordem econômica e social (homenagem ao Prof. Ary Brandão de Oliveira)* (Coordenação: Dr. Fernando Facury Scaff). São Paulo: LTr, 1999. Trabalho infantil. p. 139-143 — ISBN 85-7322-632-3.

10. *Fundamentos do direito do trabalho (homenagem ao Ministro Milton de Moura França)* (Coordenação: Drs. Francisco Alberto da Motta Peixoto Giordani, Melchíades Rodrigues Martins e Tárcio José Vidotti). São Paulo: LTr, 2000. Unicidade, unidade e pluralidade sindical. Uma visão do Mercosul. p. 122-130 — ISBN 85-7322-857-1.

11. *Temas relevantes de direito material e processual do trabalho (homenagem ao Prof. Pedro Paulo Teixeira Manus)* (Coordenação: Drs. Carla Teresa Martins Romar e Otávio Augusto Reis de Sousa). São Paulo: LTr, 2000. Execução da sentença estrangeira. p. 66-73 — ISBN 85-7322-883-0.

12. *Os novos paradigmas do direito do trabalho (homenagem ao Prof. Valentin Carrion)* (Coordenação: Drª Rita Maria Silvestre e Prof. Amauri Mascaro Nascimento). São Paulo:

Saraiva, 2001. A legislação trabalhista e os convênios coletivos. p. 281-287 — ISBN 85-02-03337-9.

13. *O direito do trabalho na sociedade contemporânea* (Coordenação: Dras. Yone Frediani e Jane Granzoto Torres da Silva). São Paulo: Jurídica Brasileira, 2001. A arbitragem no direito do trabalho. p. 140-148 — ISBN 85-8627-195-0.

14. *Estudos de direito constitucional (homenagem ao Prof. Paulo Bonavides)* (Coordenação: Dr. José Ronald Cavalcante Soares). São Paulo: LTr, 2001. Identificação dos direitos humanos. p. 119-126 — ISBN 85-361-163-6.

15. *O direito do trabalho na sociedade contemporânea (II)* (Coordenação: Profa. Yone Frediani). São Paulo: Jurídica Brasileira, 2003. A Convenção n. 132 da OIT e seus reflexos nas férias. p. 66-73 — ISBN 85-7538-026-5.

16. *Constitucionalismo social (homenagem ao Ministro Marco Aurélio Mendes de Farias Mello)* (Coordenação: EMATRA-2ª). São Paulo: LTr, 2003. Os tratados internacionais e a Constituição de 1988. p. 171-180 — ISBN 85-3610-394-9.

17. *Recursos trabalhistas (homenagem ao Ministro Vantuil Abdala)* (Coordenação: Drs. Armando Casimiro Costa e Irany Ferrari). São Paulo: LTr, 2003. Recurso extraordinário. p. 55-65 — ISBN 85-3610-491-0.

18. *Relações de direito coletivo Brasil-Itália* (Coordenação: Yone Frediani e Domingos Sávio Zainaghi). São Paulo: LTr, 2004. Organização sindical. p. 175-180 — ISBN 85-3610-523-2.

19. *As novas faces do direito do trabalho (em homenagem a Gilberto Gomes)* (Coordenação: *João Alves Neto)*. Salvador: Quarteto, 2006. O triênio de atividade jurídica e a Resolução n. 11 do CNJ. p. 143-155 — ISBN 85-8724-363-2.

20. *Curso de direito processual do trabalho (em homenagem ao Ministro Pedro Paulo Teixeira Manus, do Tribunal Superior do Trabalho)* (Coordenação: Hamilton Bueno). São Paulo: LTr, 2008. Recursos trabalhistas. p. 205-215 — ISBN 97-8853-6111-21.

21. *Jurisdição:* crise, efetividade e plenitude institucional (volume 2) (Coordenação: Luiz Eduardo Günther). Curitiba: Juruá, 2009. Das imunidades de jurisdição e de execução nas questões trabalhistas. p. 491-501 — ISBN 978-85-362-275-9.

22. *Direito internacional:* estudos em homenagem a Adherbal Meira Mattos (Coordenação: Paulo Borba Casella e André de Carvalho Ramos). São Paulo: Quartier Latin, 2009. Os tratados sobre direitos humanos e a regra do art. 5º, § 3º, da Constituição do Brasil. p. 523-532 — ISBN 85-7674-423-6.

23. *Meio ambiente do trabalho* (Coordenação: Elida Seguin e Guilherme José Purvin de Figueiredo). Rio de Janeiro: GZ, 2010. Atuação da OIT no meio ambiente do trabalho; a Convenção n. 155. p. 199-207 — ISBN 978-85-624-9048-4.

24. *Jurisdição:* crise, efetividade e plenitude institucional (volume 3) (Coordenação: Luiz Eduardo Günther, Willians Franklin Lira dos Santos e Noeli Gonçalves Günther). Curitiba: Juruá, 2010. Prisão do depositário infiel na Justiça do Trabalho. p. 529-540 — ISBN 978-85-362-3197-6.

25. *Contemporaneidade e trabalho (aspectos materiais e processuais; estudos em homenagem aos 30 anos da Amatra 8)* (Coordenação: Gabriel Velloso e Ney Maranhão). São Paulo: LTr, 2011. Direito social ao lazer: entretenimento e desportos. p. 17-23 — ISBN 878-85-361-1640-2.

26. *Atualidades do direito do trabalho (anais da Academia Nacional de Direito do Trabalho)* (Coordenação: Nelson Mannrich *et alii*). São Paulo: LTr, 2011. O problema das prestadoras de serviço para financeiras e grupos econômicos bancários. p. 229-233 — ISBN 978-85-361-2108-6.

27. *Dicionário brasileiro de direito do trabalho* (Coordenação: José Augusto Rodrigues Pinto, Luciano Martinez e Nelson Mannrich). São Paulo, LTr, 2013. Verbetes: Adicional de penosidade, Auxílio-alimentação, Aviamento, Cônsul, Contrato de trabalho em tempo parcial, Contrato internacional de trabalho, Deslocalização, Direito ao lazer, Direito à

felicidade, Direito comparado, Entes de direito internacional público externo, Estrangeiro, Licença-paternidade, Licença-prêmio, Missão diplomática, Missão especial, Organismo internacional, Paternidade, Pejotização, Penosidade, Quarteirização, Repartição consular, Representação comercial estrangeira, Representante diplomático, Salário retido, Serviço militar obrigatório, Termo prefixado, Trabalho em tempo integral, Trabalho em tempo parcial, Trabalho no exterior, Tratado internacional, Vale-transporte. ISBN: 978-85-381-2589-3.

28. *Conciliação:* um caminho para a paz social (Coordenação: Luiz Eduardo Gunther e Rosemarie Diedrichs Pimpão). Curitiba: Juruá, 2013. A arbitragem nas relações de trabalho. p. 457-465. ISBN: 978-85-362-4056-5.

29. *Estudos aprofundados — Magistratura do Trabalho* (Coordenação: Élisson Miessa e Henrique Correia). Salvador: JusPodivm, 2013. Globalização... E depois??? p. 115-123 — ISBN 857-76-1688-6.

30. *25 anos da Constituição e o direito do trabalho* (Coordenação: Luiz Eduardo Gunther e Silva Souza Netto Mandalozzo). Curitiba: Juruá, 2013. Sindicalismo no Brasil, p. 237-250. ISBN 978-85-362-4460-0.

31. *Direitos fundamentais:* questões contemporâneas (Organização: Frederico Antônio Lima de Oliveira e Jeferson Antônio Fernandes Bacelar). Rio de Janeiro: GZ, 2014. O direito social à felicidade. p. 141-155 — ISBN 978-85-62027-44-4.

32. *Estudos aprofundados — Magistratura do Trabalho* (volume 2) (Coordenação: Élisson Miessa e Henrique Correia). Salvador: JusPodivm, 2014. Deslocalização interna e internacional. p. 187-197 — ISBN 854-42-0028-1.

33. *Os desafios jurídicos do século XXI:* em homenagem aos 40 anos do curso de direito da UNAMA. (Coordenação: Cristina Sílvia Alves Lourenço, Frederico Antonio Lima Oliveira e Ricardo Augusto Dias da Silva). São Paulo: PerSe, 2014. Recortes de um mundo globalizado. p. 142-150 — ISBN 978-85-8196-820-9.

34. *Ética e direitos fundamentais (estudos em memória do Prof. Washington Luís Cardoso da Silva).* Rio de Janeiro: LMJ Mundo Jurídico, 2014. Refúgios e refugiados climáticos. p. 137-143 — ISBN 978-85-62027-57-4.

35. *Doutrinas essenciais dano moral* (Vol. I — Teoria do dano moral e direitos da personalidade). (Organizador: Rui Stoco). São Paulo: Revista dos Tribunais, 2015. O direito de imagem e o novo Código Civil, p. 315-328 — ISBN 978-85-203-6180-1.

36. *Doutrinas essenciais dano moral* (Vol. IV — Questões diversas sobre dano moral). (Organizador: Rui Stoco). São Paulo: Revista dos Tribunais, 2015. A prescrição do dano moral trabalhista, p. 999-1012 — ISBN 978-85-203-6183-2.

37. *Estudos aprofundados da Magistratura Trabalhista* (volume 2). Coordenação: Élisson Miessa e Henrique Correia). 2. ed. Salvador: Juspodivm, 2015. Globalização... e depois? p. 107-114; e A Emenda Constitucional n. 81/2014 e trabalho forçado no Brasil. p. 363-375 — ISBN 978-85-442-0527-3.

38. *Direito ambiental do trabalho.* Apontamentos para uma teoria geral (vol. 2) (Coordenadores: Guilherme Guimarães Feliciano, João Urias, Ney Maranhão e Valdete Souto Severo). São Paulo: LTr, 2015. Greve ambiental trabalhista, p. 203-209 — ISBN 978-85-361-8600-9.

39. *Principiologia (estudos em homenagem ao centenário de Luiz de Pinho Pedreira da Silva)* (Coordenadores: Rodolfo Pamplona Filho e José Augusto Rodrigues Pinto). São Paulo: LTr, 2016. Princípios de direito internacional do trabalho, p. 99-104 — ISBN 978-85-361-8998-7.

40. *Direitos humanos e meio ambiente do trabalho* (Coordenação: Luiz Eduardo Gunther e Rúbia Zanotelli de Alvarenga). São Paulo: LTr, 2016. Greve ambiental trabalhista, p. 51-55 — ISBN 978-85-361-8827-0.

41. *Ciência e interpretação do direito (homenagem a Daniel Coelho de Souza).* (Coordenadores: Zeno Veloso, Frederico A. L. Oliveira e Jeferson A. F. Bacelar). Rio de Janeiro: Lumen Juris, 2016. Legitimidade das centrais sindicais, p. 197-209 — ISBN 978-85-8440-836-8.

42. *Direitos humanos dos trabalhadores* (Coordenadora: Rúbia Zanotelli de Alvarenga). São Paulo: LTr, 2016. Direitos humanos dos trabalhadores, p. 17-24 — ISBN 978-85-361-9051-8.

43. *Terceirização de serviços e direitos sociais trabalhistas* (obra coletiva organizada pelos Profs. Gustavo Felipe Barbosa Garcia e Rúbia Zanotelli de Alvarenga). São Paulo: LTr, 2017. Quarteirização, p. 21-24 — ISBN 978-85-361-9138-6.

44. *O mundo do trabalho no contexto das reformas* (Coordenadores: Ney Maranhão e Pedro Tourinho Tupinambá). São Paulo, LTr, 2017. Reforma trabalhista: o futuro do trabalho, do Direito do Trabalho e da Justiça do Trabalho, p. 9-15 — ISBN 978-85-361-9417-2.

45. *Direitos humanos e relações sociais trabalhistas* (Coordenadoras: Renata de Assis Calsing e Rúbia Zanotelli de Alvarenga). São Paulo, LTr, 2017. Antecedentes históricos, fundamentos e princípios do Direito Internacional do Trabalho, p. 85-88, e A Organização Internacional do Trabalho e os instrumentos internacionais de proteção ao trabalhador, p. 89-93 — ISBN 978-85-361-9492-9.

46. *A reforma trabalhista e seus impactos* (Organizadores: Élisson Miessa e Henrique Correia). Salvador: JusPodivm, 2018. Trabalho intermitente, p. 117-125. ISBN 978-85-442-1799-3.

47. *Reforma trabalhista ponto a ponto:* estudos em homenagem ao professor Luiz Eduardo Gunther (Coordenadores: José Affonso Dallegrave Neto e Ernani Kajota). São Paulo: LTr, 2018. Banco de horas, férias e intervalos à luz da reforma trabalhista, p. 64-69. ISBN 978-85-361-9493-6.

48. *A reforma trabalhista na visão da Academia Brasileira de Direito do Trabalho* (Organizadores: Luciano Martinez, Jorge Boucinhas Filho e Vitor Salino de Moura Eça). Porto Alegre: Lex Magister, 2018. Reforma trabalhista em cinco pontos, p. 100-109 — ISBN 978-85-85275-68-6.

49. *Direitos fundamentais do trabalhador cidadão e transformações do mercado de trabalho* (Organizadores: Valdir Florindo, Nelson Mannrich, Alexandre de Souza Agra Belmonte e Yone Frediani). Porto Alegre: Lex Magister, 2018. Direitos fundamentais e danos morais. Riscos de banalização dos direitos fundamentais dos trabalhadores, p. 253-254 — ISBN 978-85-85275-67-9.

50. *Reforma trabalhista:* novos rumos do Direito do Trabalho e do Direito Processual do Trabalho (Coordenadores: Carlos Arthur Figueiredo, Flávio Costa, Francisco Noronha e Sérgio Queiroz). São Paulo: LTr, 2018. Trabalho intermitente, p. 100-104 — ISBN 978-85-361-9673-2.

51. *Contraponto jurídico:* posicionamentos divergentes sobre grandes temas do Direito (vários autores). São Paulo: Revista dos Tribunais, 2018. Trabalho intermitente, p. 1081-1088 — ISBN 978-85-5321-209-5.

52. *O primeiro ano de vigência da Lei n. 13.467/2017 — Reforma trabalhista — Reflexões e aspectos práticos* (Organizadores: Fabiano Zavanella e Marcelo Oliveira Rocha). São Paulo: LTr, 2018. Exceção de incompetência territorial, p. 111-113 — ISBN 978-85-361-9862-0.

53. *Proteção à saúde e segurança no trabalho* (Organizadores: Claudio Jannotti da Rocha, Lorena Vasconcelos Porto, Marcelo Borsio e Rúbia Zanotelli Alvarenga). São Paulo: LTr Editora Ltda., 2018. Segurança e saúde no trabalho rural: o intervalo especial do rurícola. p. 127-129.

54. *Soluções de conflitos trabalhistas:* novos caminhos. (Organizadora: Carolina Tupinambá). São Paulo: LTr, 2018. A arbitragem no moderno direito brasileiro do trabalho, p. 382-387.

55. *Contraponto jurídico:* posicionamentos divergentes sobre grandes temas do Direito (Organizador: Ed. RT). São Paulo: Thomson Reuters Brasil, 2018. Trabalho Intermitente, p. 1081-1088.

56. *Direito do Trabalho Brasileiro:* inovações e perspectivas (Organizadores: Emília de Fátima da Silva Farinha Pereira e Felipe Prata Mendes). Rio de Janeiro: Lumen Juris, 2018. Temas polêmicos: lucro social, transcendência, ultratividade e portaria da reforma. p. 83-93.

57. *Anais do 1º Congresso Trabalhista Região do ABC:* A Nova CLT (Organizador: Francisco Bernardino Ferreira). Porto Alegre, Simplíssimo, 2019. As convenções da OIT e a negociação coletiva, p. 219-231 — ISBN 978-65-804-6103-5.

58. *Direito e processo do trabalho* (homenagem a Armando Casimiro Costa Filho) (Coordenadores: Carlos Henrique Bezerra Leite e Vitor Salino de Moura Eça), São Paulo: LTr, 2019. A CLT como parâmetro cultural e a reforma trabalhista em face da dignidade da pessoa humana, p. 11-14 — ISBN 978-85-361-9985-6.

59. *Contratos flexíveis na reforma trabalhista* (Coordenação: Rosemary de Oliveira Pires, Tereza Asta Gemignani e Ney Maranhão). São Paulo: LTr, 2019. Trabalho em tempo parcial, p. 68-72 — ISBN 978-85-9471-100-7.

60. *Direito e Justiça* (homenagem a Milton Nobre) (Coordenação: Zeno Veloso, Jeferson A. F. Bacelar e Marcelo A. T. de Brito Nobre). Rio de Janeiro: Lumen Jurista, 2019. Reengenharia do processo: produtividade e celeridade, p. 257-269 — ISBN 978-85-519-0553-1.

61. *Direito internacional do Trabalho* (estudos em homenagem ao centenário da OIT) (Coordenação: Ney Maranhão e Pedro T. Tupinambá). São Paulo: LTr, 2019. Reforma trabalhista e OIT: preparação para a conferência do centenário, p. 45-49 — ISBN 978-85-301-0052-0.

62. *Sistemas de seguridade no mundo* (a dignidade humana está em primeiro lugar?) (Coordenação: Morais, Océlio de Jesus C.; Mussi, Cristiane Miziara; Alves, Hélio Gustavo). São Paulo: LTr, 2019. Papel da OIT em matéria de seguridade social, p. 29-33 — ISBN 978-85-301-0078-0.

63. *Curso de direito processual do trabalho* (homenagem da Academia Brasileira de Direito do Trabalho a Christovão Piragibe Tostes Malta e Wagner D. Giglio) (Organizadores: Luciano Martinez; Jorge Cavalcante Boucinhas Filho; Bruno Freire e Silva). São Paulo: LTr, 2019, Recurso extraordinário. p. 297-303.

64. *Comentários à Constituição de 1988 em matéria de direitos sociais trabalhistas* (uma homenagem aos 30 anos da Constituição da República e aos 40 anos da Academia Brasileira de Direito do Trabalho) (Coordenação: Luciano Martinez; João de Lima Teixeira Filho). São Paulo: LTr, 2019. V — Ninguém será obrigado a filiar-se ou manter-se filiado a sindicato, p. 485-488 — ISBN 978-85-301-0073-5.

65. *A crise da proteção social no Brasil* (Organizadores: Eliana Franco Teixeira e Vanessa Rocha Ferreira. Rio de Janeiro: Lumen Juris, 2019, Aspectos gerais do teletrabalho no Brasil, p. 3-10 — ISBN 978-85-519-1468-7.

66. *40 anos da ATEP:* casos e memórias (Organizador: Daniel Rodrigues Cruz). Belém: ATEP, 2019. Breve depoimento sobre os 40 anos da ATEP. p. 101-104 — ISBN 978-85-68980-06-4

67. *Novas matrizes do Direito do Trabalho* (Organizadores: Luiz Eduardo Gunther e Hélio Gomes Coelho Junior). São Paulo, LTr, 2019. Perspectivas para o mundo do trabalho, do Direito do Trabalho e da Justiça do Trabalho. p. 13-19 — ISBN 978-85-301-0113-8.

68. *Perguntas e respostas sobre a Lei da Reforma Trabalhista* (Coordenadores: Ricardo Calcini e Luiz Eduardo Amaral de Mendonça). São Paulo: LTr, 2019. Mesmo não sendo filiado ao sindicato da minha categoria, estão descontando do meu salário contribuição confederativa. Como proceder para não permitir esse desconto? p. 234/236 — ISBN 978-85-301-0107-7.

69. *Direitos sociais em tempos de pandemia* (Coordenadores: Felipe Prata Mendes, Pedro Tourinho Tupinambá e Vanessa Rocha Ferreira). São Paulo, Venturoli/Linotec, 2020. As Medidas Provisórias sobre Direito do Trabalho na Pandemia da COVID-19, p. 29-38 — ISBN 978-65-991430-1-4.

70. *Direito ambiental do trabalho* (apontamentos para uma teoria geral) (volume 5) (Coordenadores: Guilherme Guimarães Feliciano, Ingo Wolfgang Sarlet, Ney Maranhão e Tiago Fensterseifer). São Paulo: LTr, 2020. Sustentabilidade e empregos verdes, p. 417-419; Greve ambiental trabalhista: instrumento de efetivação da dignidade humana do trabalhador (em colaboração com Perlla Barbosa Pereira Maués), p. 507-520 — ISBN 978-85-301-0077-3.

71. *Compliance no direito trabalhista* (volume 6) (Coordenador: Sérgio Pinto Martins). São Paulo: Revista dos Tribunais, 2020. Compliance trabalhista, p. 63-68 — ISBN 978-65-5614-277-7.

72. *Transformações e desafios à efetividade dos direitos e garantias fundamentais (estudos em homenagem a Vicente José Malheiros da Fonseca)* (Coordenador: Océlio de Jesus Carneiro de Morais). São Paulo, LTr, 2021. *As leis sobre abolição dos escravos no Brasil*, p. 87-92. ISBN 978-85-301-0187-9.

73. *CLT Processual (comentários à parte processual da CLT)* (Coordenadores: Radson Rangel F. Duarte, Marcelo Miranda Caetano e Ana Paula Silva Campos Miskulin). Londrina, Thoth Editora, 2021. *Comentários aos artigos 852-A e 852-B da CLT*, p. 402-404. ISBN 978-65-5959-081-0.

74. *Direitos humanos e relações trabalhistas (estudos em homenagem à Professora Rosita de Nazaré Sidrim Nassar).* (Organizadores: Gisele Goes; Ney Maranhão; Pastora Leal. São Paulo, LTr, 2021. *Dissídios coletivos: tipologia*, p. 72-78.

75. *O trabalho seguro em tempos de coronavírus: projetos e doutrina* (Organizadores: Márcia Nunes da Silva Bessa; Sandro Nahmias Melo). Manaus: TRT 11ª Região, 2021. *Trabalho remoto, isolamento social e direito à desconexão*, p. 27-36.

76. *CLT Processual (Comentários à parte processual da CLT).* (Organizadores: Radson Rangel F. Duarte; Marcelo Miranda Caetano; Ana Paula Silva Campos Miskutin). Londrina: Thoth, 2021, *Comentários aos artigos 852-A e 852-B da CLT*. p. 402-404.

77. *Liberdade sindical: uma proposta para o Brasil.* (Organizadores: Alexandre Agra Belmonte; Luciano Martinez; Thereza Nahas). Campinas: Lacier, 2021, *Atuação sindical pós-pandemia no Brasil.* p. 415-429.

78. *Produção em rede e proteção social (Estudos em homenagem ao Professor Nelson Mannrich).* (Organizadores: Carlos Roberto de Oliveira; Joselita Nepomuceno Borba; Yone Frediani). Leme: Mizuno, 2021, *Vacinação e segurança do trabalho.* p. 64-80.

Prefácios/Apresentações

1. *Limites do* jus variandi *do empregador*, da professora Simone Crüxen Gonçalves, do Rio Grande do Sul (São Paulo: LTr, 1997).

2. *Poderes do juiz do trabalho:* direção e protecionismo processual, do juiz do Trabalho da 21ª Região Bento Herculano Duarte Neto, do Rio Grande do Norte (São Paulo: LTr, 1999).

3. *O direito do trabalho na sociedade moderna* (obra póstuma), do ministro Orlando Teixeira da Costa, do Tribunal Superior do Trabalho de Brasília (São Paulo: LTr, 1999).

4. *Direito sindical*, do procurador do trabalho José Claudio Monteiro de Brito Filho, do Pará (São Paulo: LTr, 2000).

5. *As convenções da OIT e o Mercosul*, do professor Marcelo Kümmel, do Rio Grande do Sul (São Paulo: LTr, 2001).

6. *O direito à educação e as Constituições brasileiras*, da professora Eliana de Souza Franco Teixeira, do Pará (Belém: Grapel, 2001).

7. *Energia elétrica:* suspensão de fornecimento, dos professores Raul Luiz Ferraz Filho e Maria do Socorro Patello de Moraes, do Pará (São Paulo: LTr, 2002).

8. *Discriminação no trabalho*, do procurador do trabalho José Claudio Monteiro de Brito Filho, do Pará (São Paulo: LTr, 2002).

9. *Discriminação estética e contrato de trabalho*, da professora Christiane Marques, de São Paulo (São Paulo: LTr, 2002).

10. *O poeta e seu canto*, do professor Clóvis Silva de Moraes Rego, ex-governador do Estado do Pará (Belém, 2003).

11. *O direito ao trabalho da pessoa portadora de deficiência e o princípio constitucional da igualdade*, do juiz do Trabalho da 11ª Região Sandro Nahmias Mello, do Amazonas (São Paulo: LTr, 2004).

12. *A prova ilícita no processo do trabalho*, do juiz togado do TRT da 8ª Região Luiz José de Jesus Ribeiro, do Pará (São Paulo: LTr, 2004).

13. *Licença-maternidade à mãe adotante:* aspectos constitucionais, da juíza togada do TRT da 2ª Região e professora Yone Frediani, de São Paulo (São Paulo: LTr, 2004).

14. *Ventos mergulhantes,* do poeta paraense Romeu Ferreira dos Santos Neto (Belém: Pakatatu, 2007).

15. *Direito sindical,* do procurador do trabalho da 8ª Região, prof. dr. José Claudio Monteiro de Brito Filho (2. ed. São Paulo: LTr, 2007).

16. *A proteção ao trabalho penoso*, da professora Christiani Marques, da PUC de São Paulo (São Paulo: LTr, 2007).

17. *Regime próprio da Previdência Social*, da doutora Maria Lúcia Miranda Alvares, assessora jurídica do TRT da 8ª Região (São Paulo: NDJ, 2007).

18. *Meninas domésticas, infâncias destruídas*, da juíza do trabalho da 8ª Região e professora Maria Zuíla Lima Dutra (São Paulo: LTr, 2007).

19. *Curso de direito processual do trabalho (em homenagem ao ministro Pedro Paulo Teixeira Manus, do Tribunal Superior do Trabalho)* (Coordenação: Hamilton Bueno). São Paulo: LTr, 2008.

20. *Competências constitucionais ambientais e a proteção da Amazônia*, da professora doutora Luzia do Socorro Silva dos Santos, Juíza de Direito do Pará e Professora da Unama (Belém: Unama, 2009).

21. *Extrajudicialização dos conflitos de trabalho*, do professor Fábio Túlio Barroso, da Universidade Federal de Pernambuco (São Paulo: LTr, 2010).

22. *Polêmicas trabalhistas*, de Alexei Almeida Chapper, advogado no Estado do Rio Grande do Sul (São Paulo: LTr, 2010).

23. *Teoria da prescrição das contribuições sociais da decisão judicial trabalhista*, do juiz do Trabalho da 8ª Região Océlio de Jesus Carneiro Morais (São Paulo: LTr, 2013).

24. *Estudos de direitos fundamentais*, obra coletiva organizada pela professora Andreza do Socorro Pantoja de Oliveira Smith (São Paulo: Perse, 2013).

25. *Direito e processo do trabalho contemporâneos*, do Prof. Gustavo Felipe Barbosa Garcia (São Paulo: LTr, 2016).

26. *Direitos humanos dos trabalhadores*, obra coletiva coordenada pela Profª Rúbia Zanotelli de Alvarenga (São Paulo: LTr, 2016).

27. *Direito sindical*, do Prof. José Claudio Monteiro de Brito Filho (6. ed., São Paulo: LTr, 2017).

28. *Terceirização de serviços e direitos sociais trabalhistas*, obra coletiva organizada pelos Profs. Gustavo Felipe Barbosa Garcia e Rúbia Zanotelli de Alvarenga (São Paulo: LTr, 2017).

29. *Reforma trabalhista:* análise comparativa e crítica da Lei n. 13.467/2017, dos Juízes do Trabalho Antônio Umberto de Souza Júnior (10ª Região), Fabiano Coelho de Souza (18ª Região), Ney Stany Morais Maranhão (8ª Região) e Platon Teixeira da Azevedo Neto (18ª Região). (São Paulo: Rideel, 2017).

30. *Direito à desconexão do trabalho*, do Juiz do Trabalho e Professor Sandro Nahmias Mello(11ª Região) e da Dra. Karen Rosendo de Almeida Leite Rodrigues. (São Paulo, LTr, 2018; 2. ed. São Paulo: LTr, 2021).

31. *Direito sindical*, do Prof. José Claudio Monteiro de Brito Filho (7. ed. São Paulo: LTr, 2018).

32. *O incidente de desconsideração da personalidade jurídica e a execução fiscal*, do Prof. e Advogado Gustavo Moreira Pamplona. Rio de Janeiro: Lumen Juris, 2018.

33. *Direito Internacional do Trabalho* (estudos em homenagem ao centenário da OIT). Coordenação: Ney Maranhão e Pedro T. Tupinambá. São Paulo: LTr, 2019.

34. *Direito Sindical*, do Prof. José Claudio Monteiro de Brito Filho (8. ed. São Paulo: LTr, 2019).

35. *A crise da proteção social no Brasil* (Organizadores: Eliana Franco Teixeira e Vanessa Rocha Ferreira). Rio de Janeiro: Lumen Juris, 2019.

36. *Direito à privacidade x direito à liberdade de expressão:* uma análise de direitos fundamentais, do Prof. Ronaldo Maiorana. São Paulo: Nelpa, 2019.

37. *A aplicabilidade das teorias da justiça* (homenagem a José Claudio Monteiro de Brito Filho) (Organizadores: Eliana Franco Teixeira e Vanessa Rocha Ferreira). Rio de Janeiro: Lumen Juris, 2020.

38. *Direitos humanos e relações trabalhistas (estudos em homenagem à Profa. Rosita de Nazaré Sidrim Nassar)* (Organizadores: Gisele Goes; Ney Maranhão; Pastora Leal). São Paulo, LTr, 2021.

39. *Direito Sindical,* do Prof. José Claudio Monteiro de Brito Filho. 9. ed., São Paulo, LTr, 2021.

Enquanto a Constituição da República prever um conjunto básico de direitos trabalhistas e enquanto existir um princípio protetivo — que, juntos, garantem o mínimo de dignidade ao trabalhador —, poderemos defender a autonomia do Direito do Trabalho.

Georgenor de Sousa Franco Neto (O trabalho do hipersuficiente e o dilema da proteção. São Paulo, LTr, 2021, p. 168).

Para Elza, mais uma vez, sempre!

Para Laura e Tales, nossos netos, nossa maior herança!

SUMÁRIO

INTRODUÇÃO

O convite que me fez o saudoso Mecenas do Direito do Trabalho, Armando Casimiro Costa, para, em 1998, iniciar esta série de julgados selecionados do STF, chega agora ao seu 25º volume. Trata-se, então, do Jubileu de Prata de DIREITO DO TRABALHO NO STF.

Ao longo desses anos todos, tive oportunidade de dividir com os leitores a posição da Suprema Corte brasileira em matéria de Direito do Trabalho (material e adjetiva), e mais de previdência social em serviço público.

Assinalando seu jubileu de prata, posso verificar que foram aproximadamente mil processos apreciados ao longo destes 25 anos. Despachos, julgados, decisões, grande parte na integra, além de farto material noticioso a respeito, foram e estão sendo apresentados aos apreciadores de obras dessa natureza, que coloca todos de modo atualizado e fácil no entendimento dos temas.

A leitura dos 25 volumes demonstra a variedade de entendimento e das posições do STF, inclusive em temas altamente polêmicos, como a vinculação do salário mínimo, os índices de correção monetária de créditos trabalhistas, a pandemia provocada pela COVID-19, todos assuntos dominantes em suas épocas e em determinados momentos da vida nacional.

Quero registrar meus agradecimentos renovados a dileta Beatriz Casimiro Costa, que sucedeu, na LTr Editora, seu avô e seu pai, os dois *Armandos Casimiro Costa*, e a todos da editora que sempre tão generosamente me acolhem.

Agradeço, por fim, ao meu pequeno grande mundo, pela Elza, meus filhos e meus netos, que completam minha vida.

Bom proveito a todos com mais este volume.

Belém, Março 2022.

Georgenor de Sousa Franco Filho

PARTE I
DIREITOS INDIVIDUAIS

1. ACORDO INDIVIDUAL. REDUÇÃO SALARIAL E JORNADA DE TRABALHO

Tema altamente relevante para o Direito do Trabalho é a possibilidade do reconhecimento amplo da autonomia privada individual, objeto da ADI n. 6.418-RO[1]. A Medida Provisória n. 1.045/2021 permite a flexibilização independentemente de acordo coletivo e de participação sindical, criando o Novo Programa Emergencial de Manutenção do Emprego e da Renda e permitindo a renegociação individual de contratos de trabalho por até 120 dias, em razão da continuidade da pandemia da COVID-19. A ação foi distribuída ao ministro Ricardo Lewandowski.

O noticiário sobre a matéria assinala:

> *Na Ação Direta de Inconstitucionalidade (ADI) n. 6418, com pedido de medida liminar, o partido ataca o artigo 12 da MP e expressões contidas nos artigos 7º e 8º. Os dispositivos permitem a redução proporcional de jornada de trabalho e de salário e a suspensão temporária de contrato de trabalho e autorizam sua pactuação por convenção e acordo coletivo de trabalho ou por acordo individual escrito entre empregador e empregado.*
>
> *Para o PDT, a medida poderá levar o trabalhador a situação ainda mais vulnerável, ao ser compelido a assinar acordo individual elaborado nos moldes de interesse unicamente do empregador, "que é quem detém o poder de barganha na relação". A legenda argumenta que o artigo 7º da Constituição Federal condiciona a redução salarial e de jornada à negociação coletiva e que a medida levará a tratamento diferenciado entre trabalhadores em condições idênticas, afrontando o princípio da isonomia.*

---

[1] ADI n. 6.418-RO (ANEPS — Associação Nacional das Empresas Promotoras de Crédito e Correspondentes no Pais. Intdos.: Assembleia Legislativa do Estado de Rondônia). Rel.: Min. Marco Aurélio.

O partido argumenta ainda que, embora tenha mantido a validade do plano anterior (MP n. 936/2020), ao não referendar medida cautelar na ADI n. 6363, o Plenário decidiu, naquele momento, diante de situação emergencial para manutenção de empregos. Agora, o momento é de "enfrentamento de consequências", e não cabe o afastamento da representação sindical.[2]

O processo foi redistribuído ao Min. André Mendonça, em cujas mãos se encontra no momento.

[2] Disponível em: http://portal.stf.jus.br/noticias/verNoticiaDetalhe.asp?idConteudo=465159&ori=1. Acesso em: 19 jun. 2021.

2. ATIVIDADE INSALUBRE. PRORROGAÇÃO DE JORNADA

A decisão tomada na APDF n. 422-DF[1], relatada pela Min. Rosa Weber, mas cujo acórdão foi prolatado pelo Min. Luis Roberto Barroso, esclareceu que a anuência prévia do Estado, através do Ministério do Trabalho, é válida para prorrogar o trabalho em atividades insalubres, não havendo relevância nem violação do art. 80 da CLT.

A ementa do decisório é a seguinte:

> *DIREITO PROCESSUAL CONSTITUCIONAL. ARGUIÇÃO DE DESCUMPRIMENTO DE PRECEITO FUNDAMENTAL. CABIMENTO. 1. Não se exige a demonstração de controvérsia constitucional relevante nas hipóteses de arguição de descumprimento de preceito fundamental na modalidade autônoma. 2. Agravo interno a que se dá provimento.*[2]

---

[1] AG.REG. na APDF 422-DF (Agte: Confederação Nacional da Industria. Agdos.: Presidente da República; Congresso Nacional) Rela.: Min. Rosa Weber; Redator do Acórdão: Min. Roberto Barroso.

[2] Disponível em: http://portal.stf.jus.br/noticias/verNoticiaDetalhe.asp?idConteudo=468418&ori=1. Acesso em: 18 jul. 2021.

3. COVID 19. VACINAÇÃO. DEMISSÃO

Ao examinar a ADPF n. 898-DF[1], o relator, Min. Luis Roberto Barroso determinou a suspensão de portaria que impedia a demissão de trabalhador que não comprovasse estar vacinado contra a COVID-19, suspendendo, assim, os dispositivos da Portaria n. 620/2021, do Ministério do Trabalho e Previdência. A decisão do Min. Barroso, em cautelar, é a seguinte:

> *DIREITO CONSTITUCIONAL DO TRABALHO. DIREITO À SAÚDE. ARGUIÇÕES DE DESCUMPRIMENTO DE PRECEITO FUNDAMENTAL. PANDEMIA DE COVID-19. PORTARIA MTPS N. 620/2021. VEDAÇÃO À EXIGÊNCIA DE VACINAÇÃO. ATO INFRALEGAL. INCONSTITUCIONALIDADE.*
>
> *1. A Portaria MTPS n. 620/2021 proíbe o empregador de exigir documentos comprobatórios de vacinação para a contratação ou manutenção da relação de emprego, equiparando a medida a práticas discriminatórias em razão de sexo, origem, raça, entre outros. No entanto, a exigência de vacinação não é equiparável às referidas práticas, uma vez que se volta à proteção da saúde e da vida dos demais empregados e do público em geral.*
>
> *2. Existe consenso médico-científico quanto à importância da vacinação para reduzir o risco de contágio por COVID-19, bem como para aumentar a capacidade de resistência de pessoas que venham a ser infectadas. Por essa razão, o Supremo Tribunal Federal considerou legítima a vacinação compulsória, não por*

---

[1] MC na ADPF n. 898-DF (Reqte: Rede Sustentabilidade. Intdo.: Ministro de Estado do Trabalho e Previdência) Rel.: Min. Roberto Barroso No mesmo sentido: MC na APDF n. 900-DF (Reqte: Partido Socialista Brasileiro — PSB. Intdo: Ministro de Estado do Trabalho e Previdência) Rel.: Min. Roberto Barroso; MC na ADPF 901-DF (Reqte: Partido dos Trabalhadores. Intdo.: Ministro de Estado do Trabalho e Previdência) Rel.: Min. Roberto Barroso.

sua aplicação forçada, mas pela adoção de medidas de coerção indiretas. Nesse sentido: ARE n. 1.267.879, Rel. Min. LUÍS ROBERTO BARROSO; ADIs ns. 6.586 e 6.587, Rel. MIN. RICARDO LEWANDOWSKI.

3. É da natureza das relações de trabalho o poder de direção do empregador e a subordinação jurídica do empregado (CF, art. 7º c/c CLT, arts. 2º e 3º). O descumprimento, por parte do empregado, de determinação legítima do empregador configura justa causa para a rescisão do contrato de trabalho (CLT, art. 482, h). É importante enfatizar que constitui direito dos empregados e dever do empregador a garantia de um ambiente de trabalho seguro e saudável (CF/1988, art. 7º, XXII, e art. 225).

4. Acrescente-se, ainda, que a extinção da relação de trabalho, mesmo sem justa causa, é um direito potestativo do empregador, desde que indenize o empregado na forma da lei (CF/88, art. 7º, I). Do mesmo modo, a atividade empresarial sujeita-se à livre-iniciativa e à liberdade de contratar, competindo ao empregador estabelecer estratégias negociais e decidir sobre os critérios de contratação mais adequados para sua empresa (CF, art. 170).

5. Ato infralegal, como é o caso de uma portaria, não é instrumento apto a inovar na ordem jurídica, criando direitos e obrigações trabalhistas (CF, art. 5º, II). Tampouco pode limitar o sentido e alcance de normas constitucionais. Até mesmo a lei encontra limites na restrição de princípios e direitos fundamentais.

6. Note-se, por fim, que o reconhecimento da inconstitucionalidade de dispositivos da portaria apenas restabelece o direito do empregador de rescindir o contrato de trabalho. Não significa, porém, que ele deva necessariamente fazê-lo, cabendo-lhe ponderar adequadamente as circunstâncias do caso concreto.

7. Deferimento da cautelar, para suspender os dispositivos impugnados. Fica ressalvada a situação das pessoas que têm expressa contraindicação médica à vacinação, fundada no Plano Nacional de Vacinação contra a COVID-19 ou em consenso científico, hipótese em que se deve admitir a testagem periódica.[2]

[2] Disponível em: http://portal.stf.jus.br/noticias/verNoticiaDetalhe.asp?idConteudo=476523&ori=1. Acesso em: 05 dez. 2021.

4. DESPACHANTE. NORMAS INCONSTITUCIONAIS

Apenas a União detém competência privativa para legislar no Brasil sobre o exercício de profissões. Assim decidiu o STF, ao examinar a ADI n. 6.742-BA[1], relatada pelo Min. Alexandre de Moraes, que considerou inconstitucional legislação interna da Bahia que regulava a atuação de despachantes junto à administração pública estadual.

A ementa do aresto é a seguinte:

> *DIREITO CONSTITUCIONAL. DIREITO DO TRABALHO. FEDERALISMO E RESPEITO ÀS REGRAS DE DISTRIBUIÇÃO DE COMPETÊNCIA. LEI N. 13.206/2014 DO ESTADO DA BAHIA. REGULAÇÃO DA PROFISSÃO DE DESPACHANTE DOCUMENTALISTA DE TRÂNSITO. INCONSTITUCIONALIDADE FORMAL. COMPETÊNCIA PRIVATIVA DA UNIÃO PARA LEGISLAR SOBRE TRABALHO E CONDIÇÕES PARA EXERCÍCIO DE PROFISSÃO. PRECEDENTES. INCONSTITUCIONALIDADE. AÇÃO DIRETA JULGADA PROCEDENTE.*
>
> *1. As regras de distribuição de competências legislativas são alicerces do federalismo e consagram a fórmula de divisão de centros de poder em um Estado de Direito. Princípio da predominância do interesse.*
>
> *2. A Constituição Federal de 1988, presumindo de forma absoluta para algumas matérias a presença do princípio da predominância do interesse, estabeleceu, a priori, diversas competências para cada um dos entes federativos — União, Estados-Membros, Distrito Federal e Municípios — e, a partir*

---

[1] ADI n. 6.742-BA, de 17.8.2021 (Reqte: Procurador-Geral da República. Intdos: Assembleia Legislativa do Estado da Bahia; Governador do Estado da Bahia; Diretor Geral do Departamento Estadual de Trânsito — DETRAN/BA. Am. Curiae: Conselho Regional dos Despachantes Documentalistas do Estado de São Paulo) Rel.: Min. Alexandre de Moraes.

dessas opções, pode ora acentuar maior centralização de poder, principalmente na própria União (CF, art. 22), ora permitir uma maior descentralização nos Estados-Membros e nos Municípios (CF, arts. 24 e 30, inciso I).

*3. A Lei n. 13.206/2014 do Estado da Bahia, regulamentada pela Portaria n. 596/2017 do DETRAN/BA, disciplinou a atividade de despachante documentalista no âmbito da Administração Pública estadual, estabelecendo requisitos e condicionantes para o cadastramento e atuação desses profissionais perante o órgão de trânsito local, violando, assim, a competência da União para legislar sobre Direito do Trabalho e condições para exercício de profissão (*art. 22, I e XVI, CF). Precedentes.

4. Ação Direta julgada procedente.[2]

[2] Disponível em: http://portal.stf.jus.br/processos/downloadPeca.asp?id=15347432577&ext=.pdf. Acesso em: 10 fev. 2022.

5. IMPOSTO DE RENDA. DEPENDENTE DEFICIENTE

Lúcida e sensata a decisão tomada pelo STF ao examinar a ADI n. 5.583-DF [1], em 17.5.2021, da relatoria do Min. Luis Roberto Barroso, reconhecendo ao trabalhador com deficiência a condição de dependente para dedução do Imposto sobre a Renda.

O aresto possui a seguinte ementa:

DIREITO CONSTITUCIONAL E TRIBUTÁRIO. AÇÃO DIRETA DE INCONSTITUCIONALIDADE. DEDUÇÃO DA BASE DE CÁLCULO DO IRPF. DEPENDENTE COM DEFICIÊNCIA.

1. Ação direta proposta pelo Conselho Federal da Ordem dos Advogados do Brasil contra o art. 35, III e V, da Lei n. 9.250/1995, que não qualifica como dependentes, para fins de apuração do imposto sobre a renda, as pessoas que superem o limite etário e que sejam capacitadas física e mentalmente para o trabalho. Pedido de interpretação conforme a Constituição, para que as pessoas com deficiência sejam consideradas como dependentes mesmo quando superem o limite etário e tenham capacidade laboral.

2. O pleito formulado nesta ação põe em discussão os limites da atuação do Poder Judiciário para estender determinado tratamento legal a um grupo que não fora inicialmente contemplado pelo legislador. Esse debate se torna ainda mais sensível em matéria tributária, dados os efeitos sistêmicos que uma decisão judicial pode produzir nesse campo.

3. Todavia, o tema envolve a tutela de direitos fundamentais de um grupo de pessoas vulneráveis que recebem especial proteção constitucional, especialmente após a aprovação da Convenção

[1] ADI n. 5.583-DF, de 17.5.2021 (Reqte: Conselho Federal da Ordem dos Advogados do Brasil — CFOAB. Intdos: Presidente da República, Congresso Nacional, Defensoria Pública da União). Rel.: Min. Marco Aurélio; Redator do Acórdão: Min. Roberto Barroso

Internacional sobre os Direitos das Pessoas com Deficiência — CDPD com status de emenda à Constituição (art. 5º, § 3º, da CF/1988). Por essa razão, esta Corte está autorizada a adotar uma conduta mais proativa, sem que incorra em ofensa ao princípio da separação de poderes (art. 2º da CF/1988).

4. Ofensa à igualdade material (art. 5º, caput, da CF/1988; arts. 2, 4, 5, 8 e 19 da CDPD). O art. 35, III e V, da Lei n. 9.250/1995 introduz uma discriminação indireta contra as pessoas com deficiência. A aparente neutralidade do critério da capacidade física ou mental para o trabalho oculta o efeito anti-isonômico produzido pela norma. Para a generalidade dos indivíduos, a aptidão laborativa pode ser o critério definidor da extinção da condição de dependente, tendo em vista que, sob essa circunstância, possuem chances de se alocarem no mercado de trabalho. Tal probabilidade se reduz de forma drástica quando se trata de pessoa com deficiência, cujas condições físicas ou mentais restringem intensamente as oportunidades profissionais. Portanto, não é legítimo que a lei adote o mesmo critério, ainda que objetivo, para disciplinar situações absolutamente distintas.

5. Afronta ao direito ao trabalho (art. 6º da CF/1988; art. 27 da CDPD). O dispositivo impugnado traz um desestímulo a que as pessoas com deficiência busquem alternativas para se inserir no mercado de trabalho, principalmente quando incorrem em elevadas despesas médicas — que não raro estão atreladas a deficiências mais graves. Nessa hipótese, seu genitor ou responsável deixaria de deduzir tais gastos da base de cálculo do imposto devido. E, dados os baixos salários comumente pagos a elas, tal dedução dificilmente seria possível na sua própria declaração de imposto sobre a renda.

6. Violação do conceito constitucional de renda e da capacidade contributiva (arts. 153, III, e 145, § 1º, da CF/1988). Ao adotar como critério para a perda da dependência a capacidade para o trabalho, a norma questionada presume o que normalmente acontece: o então dependente passa a arcar com as suas próprias despesas, sem mais representar um ônus financeiro para os seus genitores ou responsáveis. Todavia, não é o que ocorre, como regra, com aqueles que possuem alguém com deficiência, sobretudo grave, na família. Nesse caso, justifica-se a diminuição da base de cálculo do imposto, para que não incida sobre valores que não representam verdadeiro acréscimo patrimonial.

7. Procedência parcial do pedido, fixando-se interpretação conforme a Constituição do art. 35, III e V, da Lei n. 9.250/1995, para estabelecer que, na apuração do imposto sobre a renda de pessoa física, a pessoa com deficiência que supere o limite etário e seja capacitada para o trabalho pode ser considerada como dependente quando a sua remuneração não exceder as deduções autorizadas por lei.

8. Fixação da seguinte tese de julgamento: "Na apuração do imposto sobre a renda de pessoa física, a pessoa com deficiência que supere o limite etário e seja capacitada para o trabalho pode ser considerada como dependente quando a sua remuneração não exceder as deduções autorizadas por lei".[2]

---

[2] Disponível em: https://redir.stf.jus.br/paginadorpub/paginador.jsp?docTP=TP&docID=756272259. Acesso em: 10 fev. 2022.

6. LEILOEIRO. EXERCÍCIO DA PROFISSÃO

O STF declarou recepcionados pela Constituição da República de 1988 dispositivos do Decreto n. 21.981/1932 que proíbem o leiloeiro de exercer o comércio, direta ou indiretamente, em seu nome ou em nome de terceiros, e de constituir sociedade de qualquer espécie ou denominação, sob pena de destituição. Foi o que ficou decidido no julgamento da ADPF n. 419-DF [1], apresentada pela Confederação Nacional do Comércio de Bens, Serviços e Turismo (CNC). A relatoria foi do Min. Edson Fachin, dispondo, em sua ementa, o que segue:

> *ARGUIÇÃO DE DESCUMPRIMENTO FUNDAMENTAL (ADPF). DIREITO CONSTITUCIONAL. ART. 36, A, §§ 1º E 2º, DO DECRETO N. 21.981/1932. LIVRE EXERCÍCIO PROFISSIONAL. RESTRIÇÕES. LEILOEIRO. VEDAÇÃO AO EXERCÍCIO DO COMÉRCIO E À CONSTITUIÇÃO DE SOCIEDADE. INTERESSE PÚBLICO. ADEQUAÇÃO. RAZOABILIDADE. CONSTITUCIONALIDADE. IMPROCEDÊNCIA.*
>
> *1. É legítima restrição legislativa ao exercício profissional quando indispensável à viabilização da proteção de bens jurídicos de interesse público igualmente resguardados pela própria Constituição, de que são exemplos a segurança, a saúde, a ordem pública, a incolumidade individual e patrimonial. Para tanto, requer-se que a disciplina legislativa tendente a condicionar o exercício profissional atenda aos critérios de adequação e de razoabilidade e seja justificada por razão de interesse público e sustentada em parâmetros técnicos idôneos à mitigação de riscos sociais próprios do exercício da profissão. Precedente.*
>
> *2. As restrições dispostas no art. 36, "a", §§ 1º e 2º, do Decreto n. 21.981/1932, perseguem fins legítimos de interesse público, na*

[1] ADPF n. 419-DF, de 15.12.2020 (Reqte: Confederação Nacional do Comercio de Bens, Serviços e Turismo — CNC. Intda: União) Rel.: Min. Edson Fachin.

medida em que, dada a relevância das atribuições de leiloeiros, relacionadas à administração da hasta pública e à alienação dos bens de terceiros, visam a coibir conflitos de interesse, ou seja, a garantir a atuação profissional proba, livre de ingerências que possam comprometer o desempenho de suas funções.

3. Não havendo restrição legislativa ao exercício da profissão de leiloeiro para além de incompatibilidades que lhe são próprias, as normas questionadas não se mostram injustificadas, arbitrárias ou excessivas para o fim a que se propõem, razão pela qual não há falar na alegada ofensa ao valor social do trabalho e ao livre exercício de qualquer trabalho, ofício ou profissão, consagrados nos arts. 1º, IV e 5º, XIII, da Constituição da República.

4. Arguição de Descumprimento de Preceito Fundamental julgada improcedente.[2]

[2] Disponível em: https://redir.stf.jus.br/paginadorpub/paginador.jsp?docTP=TP&docID=754993564. Acesso em: 10 fev. 2022.

7. REINTEGRAÇÃO. ORGANIZAÇÃO SOCIAL

Cabe a reintegração de empregados de organização social do ABC paulista? A resposta do STF é negativa, como se infere da decisão limiar proferida pela Min. Rosa Weber, na RCL n. 48.989-SP[1].

Consigna o noticiário a respeito:

> *Ao suspender a ordem, a ministra Rosa Weber apontou a diferença entre as fundações públicas instituídas por lei, que integram a administração direta, e as que têm natureza de direito privado, como a Fundação do ABC, criada por lei para prestar serviços na área de saúde, com no mínimo 60% de atendimento ao Sistema Único de Saúde (SUS). A ABC é certificada como entidade beneficente de assistência social, o que a caracteriza como organização social.*
>
> *Na avaliação da ministra, a ordem de reintegração afronta o entendimento do STF (ADI 1923) de que os funcionários das entidades qualificadas como organizações sociais não são servidores públicos. Embora aprovados em concurso público, eles são empregados privados e não têm as prerrogativas de detentores de cargos de provimento efetivo do Estado.*[2]

---

[1] MC na RCL n. 48.989-SP (Fundação do ABC — Complexo Hospitalar Municipal de São Bernardo do Campo *vs.* Juíza do Trabalho da 4ª Vara do Trabalho de São Bernardo do Campo; Benefs.: Karina Pieroni Sanches, Adriana Marciano, Andreia Cristina Piva e Leonardo Soares Carollo). Rel.: Min. Rosa Weber.

[2] Disponível em: http://portal.stf.jus.br/noticias/verNoticiaDetalhe.asp?idConteudo=471999&ori=1.. Acesso em: 02 nov. 2021.

Registra a ementa do julgado:

Reclamação. Alegação de violação do que decidido na ADI 1.923. Organização Social. Funcionários. Empregados privados. Decisão de origem que entende se tratar de servidor público. Estabilidade. Medida Liminar deferida.[3]

[3] Disponível em: http://portal.stf.jus.br/processos/downloadPeca.asp?id=15347439791&ext=.pdf; Acesso em: 10 fev. 2022.

8. TRABALHO FORÇADO

Tema sempre oportuno e altamente condenável é o do trabalho forçado, quando trabalhadores são submetidos a condições análogas a de escravo. A 2ª turma do STF examinou o RE n. 1.279.023-BA[1], relatado pelo Min, Édson Fachin, restabelecendo a condenação do proprietário e do gerente da uma fazenda em Vitória da Conquista, na Bahia, por incursos no art. 149 do Código Penal.

A ementa do julgado unânime é a seguinte:

> *AGRAVO REGIMENTAL NO RECURSO EXTRAORDINÁRIO. MATÉRIA CRIMINAL. REENQUADRAMENTO JURÍDICO DOS FATOS POSTOS NAS INSTÂNCIAS DE ORIGEM. POSSIBILIDADE. MERAS IRREGULARIDADES TRABALHISTAS. INEXISTÊNCIA. REDUÇÃO À CONDIÇÃO ANÁLOGA À DE ESCRAVO. ESCRAVIDÃO MODERNA. DESNECESSIDADE DE CERCEAMENTO DA LIBERDADE DE LOCOMOÇÃO. CONDIÇÕES DEGRADANTES DE TRABALHO. VIOLAÇÃO DO DIREITO AO TRABALHO DIGNO. CONFIGURAÇÃO. PRECEDENTES. DOSIMETRIA DE PENA. BIS IN IDEM. INOCORRÊNCIA. VALORAÇÃO DAS CIRCUNSTÂNCIAS JUDICIAIS. AUSÊNCIA DE REPERCUSSÃO GERAL. AGRAVO DESPROVIDO.*
>
> *1. Esta Corte possui entendimento sedimentado no sentido da distinção entre a valoração jurídica dos fatos e a aferição dos mesmos, de modo que o reenquadramento jurídico dos fatos postos nas instâncias inferiores é plenamente possível aos Tribunais Superiores. Precedentes.*
>
> *2. O Plenário deste Supremo Tribunal já se manifestou, asseverando que "O bem jurídico objeto de tutela pelo art. 149 do*

[1] A. REG. NO RE 1.279.023-BA, de 11.5.2021 (Juarez Lima Cardoso e Outro vs. Ministério Público Federal). Rel.: Min. Edson Fachin

Código Penal vai além da liberdade individual, já que a prática da conduta em questão acaba por vilipendiar outros bens jurídicos protegidos constitucionalmente como a dignidade da pessoa humana, os direitos trabalhistas e previdenciários, indistintamente considerados" (RE 459510, Rel. Min. CEZAR PELUSO, Rel. p/ Acórdão: Min. DIAS TOFFOLI, Tribunal Pleno, julgado em 26.11.2015).

3. No presente caso, não se está a tratar de indícios e conjecturas, bem como de meras irregularidades e violações à legislação trabalhista, na medida em que, conforme a conjugação dos depoimentos dos auditores fiscais e das testemunhas, todos presentes no corpo do aresto recorrido, restou demonstrado que os trabalhadores foram submetidos, sim, a condições degradantes de trabalho, tais como ausência de água potável para beber e alimentação destinada ao consumo em estado de putrefação, trabalhadores executando serviços descalços e dormindo no chão, dentre outras condições desumanas, todas a configurar o crime tipificado como redução à condição análoga à de escravo, previsto no art. 149 do Código Penal. Precedentes.

4. Ausência de bis in idem, porquanto o juízo sentenciante fixou a pena do réu, ora recorrente, a partir da conjugação entre a quantidade de trabalhadores atingidos pela conduta delituosa e a consequente reprovabilidade do crime.

5. O Plenário deste Supremo Tribunal decidiu pela inexistência de repercussão geral da matéria relacionada à violação ao princípio da individualização da pena em razão da valoração das circunstâncias judiciais previstas no art. 59 do Código Penal na fundamentação da fixação da pena-base pelo juízo sentenciante (AI 742.460-RG, Rel. Min. CEZAR PELUSO, DJe 25.09.2009, Tema 182)

6. Agravo regimental desprovido.[2]

[2] Disponível em: http://portal.stf.jus.br/processos/downloadPeca.asp?id=15348331272&ext=.pdf. Acesso em: 10 fev. 2022.

PARTE II
DIREITOS COLETIVOS

1. ACORDO COLETIVO DE TRABALHO. R.M.N.R. PETROBRAS

A matéria objeto do RE 1.251.927-DF[1], de 28.7.2021, da lavra do Min. Alexandre de Moraes envolve tema delicado qual seja pagamento de valores a título de "COMPLEMENTO DA RMNR". Decisão é de grande relevância e é transcrita a seguir, na sua integralidade:

Trata-se de Quatro Recursos Extraordinários interpostos contra acórdão do Tribunal Superior do Trabalho.

Na origem, José Maurício da Silva ajuizou Reclamação Trabalhista em face da Petróleo Brasileiro S/A — Petrobras, postulando o pagamento de valores a título de "COMPLEMENTO DA RMNR" (Vol. 4).

---

[1] RE 1.251.927-DF, de 28.7.2021 (Petrobras Transporte S/A — TRANSPETRO, Petróleo Brasileiro S.A. — PETROBRAS , Petrobras Distribuidora S/A , União *vs.* Sindicato Unificado dos Petroleiros do Estado de São Paulo , Sindicato Unificado dos Trabalhadores Petroleiros Petroquímicos e Plásticos nos Estados de Alagoas e Sergipe — SINDIPETRO AL/SE, SINDIPETRO PA/AM/MA/AP — Sindicato dos Trabalhadores das Empresas Próprias e Contratadas na Indústria de Exploração, Produção e Refino do Petróleo e seus Derivados, no Transporte, Transferência e Estocagem do Petróleo e seus Derivados, na Indústria de Gás, Petroquímica e Afins, na Indústria de Energias de Biomassas e Energias Renováveis e na Indústria de Combustíveis Alternativos nos Estados do Pará, Amazonas, Maranhão, Amapá e nos Demais Estados da Amazônia, Sindicato dos Trabalhadores na Indústria de Destilação e Refino de Petróleo de São José dos Campos — SP, Sindicato dos Petroleiros do Norte Fluminense — SINDIPETRO/NF, Sindicato dos Trabalhadores da Indústria do Petróleo nos Estados de Pernambuco e Paraíba — SINDIPETRO PE/PB, Federação Única dos Petroleiros — FUP, Sindicato dos Petroleiros do Estado da Bahia — SINDIPETROBA; Sindicato dos Trabalhadores na Indústria de Destilação e Refinação de Petróleo de Duque de Caxias; Sindicato dos Trabalhadores nas Indústrias da Destilação e Refinação do Petróleo de Porto Alegre, Canoas, Osório e Tramandaí — SINDIPETRO/RS; Sindicato dos Trabalhadores na Indústria de Destilação e Refinação do Petróleo no Estado de Minas Gerais, SINDIPETRO Sindicato dos Trabalhadores nas Indústrias de Refinação, Destilação, Exploração e Produção de Petróleo nos Estados do Paraná e Santa Catarina, Sindicato dos Trabalhadores na Indústria da Destilação e Refinação do Petróleo do Estado de Minas Gerais SINDIPETRO — MG). Rel.: Min. Alexandre de Moraes.

Segundo narra o autor, empregado da companhia reclamada desde o ano de 1985, a Petrobras firmou Acordo Coletivo de Trabalho em 2007 com a Federação Única dos Petroleiros (FUP) e com os Sindicatos representativos da categoria, por meio do qual se estabeleceu um parâmetro salarial denominado "REMUNERAÇÃO MÍNIMA POR NÍVEL E REGIME" (RMNR).

A Cláusula 35ª do Acordo Coletivo, bem como seus parágrafos 1º e 2º, assim definem tal fator remuneratório:

> *"Cláusula 35ª — Remuneração Mínima por Nível e Regime — RMNR*
>
> *A Companhia praticará para todos os empregados a Remuneração Mínima por Nível e Regime — RMNR, levando em conta o conceito de remuneração regional, a partir do agrupamento de cidades onde a Petrobras atua, considerando, ainda, o conceito de microrregião geográfica utilizado pelo Instituto Brasileiro de Geografia e Estatística — IBGE.*
>
> *Parágrafo 1º — A RMNR consiste no estabelecimento de um valor mínimo, por nível e região, de forma equalizar os valores a serem percebidos pelos empregados, visando o aperfeiçoamento da isonomia prevista na Constituição Federal.*
>
> *Parágrafo 2º — Os valores relativos à já mencionada RMNR estão definidos em tabelas da Companhia e serão reajustados em 6,5% (seis vírgula cinco por cento) a partir de 01/09/2007."*

Consoante aduz o autor na petição inicial, a RMNR é uma espécie de piso salarial, sendo fixada em uma tabela, em patamares diferentes, conforme cada um dos variados regimes laborais dos empregados.

Com essa rubrica, busca-se, em síntese, resolver históricas diferenças remuneratórias entre os trabalhadores da companhia, haja vista as distintas condições a que submetidos (exemplificativamente: trabalhadores da área fim x funcionários dos setores administrativos; diferenças associadas às variadas regiões e ambientes de lotação).

Explica que tem direito a um complemento pecuniário o trabalhador da Petrobras que, a partir do Acordo Coletivo de 2007 (renovado sucessivamente), percebia remuneração inferior ao valor previsto a título da RMNR correspondente à sua qualificação e regime de trabalho. Tal complemento serve para que o salário atinja o patamar então criado.

No parágrafo 3º da Cláusula 35ª do Acordo, trata-se deste "COMPLEMENTO DA RMNR", o qual é objeto da presente ação judicial. Veja-se a composição de tal parcela salarial:

> *"Parágrafo 3º — Será paga sob o título de "Complemento da RMNR" a diferença resultante entre a "Remuneração Mínima por Nível e Regime" de que trata o caput e: o Salário Básico (SB), a Vantagem Pessoal — Acordo Coletivo de Trabalho (VPACT) e a Vantagem Pessoal — Subsidiária (VP-SUB), sem prejuízo de eventuais outras parcelas pagas, podendo resultar em valor superior a RMNR."*

Do ponto de vista do empregado, autor da presente ação, a Petrobras vem calculando incorretamente o "COMPLEMENTO DA RMNR".

O "COMPLEMENTO DA RMNR" obtém-se a partir de uma operação de subtração, na qual o minuendo é o valor a título de "RMNR" (Remuneração Mínima Por Nível e Regime, definido em tabela divulgada pela Petrobras), e o subtraendo é o seguinte conjunto de itens salariais recebidos pelo trabalhador:

> *"Salário Básico (SB), a Vantagem Pessoal — Acordo Coletivo de Trabalho (VPACT) e a Vantagem Pessoal Subsidiária (VP-SUB), sem prejuízo de eventuais outras parcelas pagas (...)" (grifos nossos).*

A parte autora sustenta que o "COMPLEMENTO DA RMNR" é pago a menor, porque a Petrobras amplia indevidamente o valor subtraendo. A título de "eventuais outras parcelas pagas", referidas no parágrafo 3º da Cláusula 35ª, a Petrobras inclui adicionais e vantagens remuneratórias que, na óptica do autor, não devem integrar o montante a ser descontado.

Conforme minuciosamente resume na petição inicial, "o complemento é a diferença entre a RMNR e o Salário Básico (SB) + a Vantagem Pessoal Acordo Coletivo de Trabalho (VP-ACT) + Vantagem Pessoal Subsidiária (VP-SUB), sem qualquer adicional ou outra parcela/vantagem". Colocando a questão sob um enfoque mais simplificado, todo trabalhador da Petrobras (e de suas empresas subsidiárias) deve receber, no mínimo, o valor estipulado a título de RMNR referente à sua condição funcional, na forma das tabelas divulgadas pela companhia.

Ressalte-se, que, para calcular o que tem direito a receber, o autor apresenta seu contracheque e exclui os adicionais, para fins de cotejo com a sua faixa de RMNR. Diferentemente, a Petrobras compara o valor tabelado da RMNR com a remuneração integral percebida pelo empregado.

Tomando por base seu contracheque de janeiro de 2011, o autor informa que a RMNR correspondente à sua função equivale a R$ 5.278,62. No seu entendimento, o valor a ser subtraído, para chegar ao COMPLEMENTO DA RMNR, é de R$ 2.378,42 — unicamente seu salário básico. Logo, o COMPLEMENTO devido equivaleria a R$ 2.900,20.

Entretanto, a Petrobras deduz, além do Salário Básico, três outros Adicionais percebidos pelo autor (Periculosidade; Confinamento; Sobreaviso). Assim procedendo, o COMPLEMENTO DA RMNR cai para apenas R$ 712,05. A sentença julgou totalmente improcedente o pedido, pelos seguintes fundamentos (Vol. 10):

"O pedido formulado pelo obreiro se direciona a vindicar para que esse Juízo venha a condenar a reclamada ao pagamento da diferença do "Complemento da RMNR" prevista nos acordos coletivos de trabalho 2007 e 2009, a partir de setembro de 2007, devendo a estas importâncias serem somadas às diferenças que forem vencendo no curso da presente demanda, afora reflexos da verba que se pugna o deferimento sobre férias com seu adicional de 1/3, 13º salário, FGTS e o recolhimento do INSS e ao fundo de pensão (PETROS), bem como honorários advocatícios.

A Remuneração Mínima por Nível e Região (RMNR) teve o seu estabelecimento no âmbito das relações de emprego mantidas pela empresa reclamada com seus empregados mediante o amplo e longo processo de negociação, vindo a ser introduzida a partir de 01 de julho de 2007, na forma do Termo de Aceitação do Plano de Classificação e Avaliação de Cargos — PCAC e Remuneração Mínima por Nível e Regime — RMNR, na forma do instrumento hospedado às fls. 258/265.

O estabelecimento das estipulações a esse respeito tem como motivação invocada no corpo dos instrumentos de acordos coletivos paciente e moderadamente negociados, o mais relevante princípio consagrado em todas as Constituições cidadãs e progressistas de nosso tempo, qual seja, o princípio da isonomia com sede, no vigente estatuto político, consagrado no caput do art. 5º da carta cidadã.

Senão, vejamos!

Para iniciar, tem-se a primeira menção ao estabelecimento da Remuneração Mínima por Nível e Regime (RMNR) no "Termo Aditivo ao Acordo Coletivo de Trabalho — 2005" (fls. 266/269), em que houve previsão de estabelecimento da RMNR, em sua cláusula 2ª.

Dito ajuste se situa no âmbito do Plano de Cargos, Carreiras e Salários da demandada, denominado por PCAC.

É de trivial sabença que os planos de cargos, carreiras e salários tem por finalidade assegurar tratamento isonômico dentre todos os que desenvolvam os mesmos cargos e funções, prestando-se para afastar a formulação de pleitos de equiparação salarial, conforme dispõe o art. 461 e seus parágrafos.

Com o advento da Remuneração Mínima de Nível e Regime (RMNR) se estabeleceu uma nova política remuneratória no âmbito da empresa reclamada, levando-se em consideração os custos e dispêndios necessários à manutenção dos empregados da Petrobras, atentando-se às peculiaridades de cada microrregião econômica, em conformidade com o que estabelece o IBGE.

Por meio da Remuneração Mínima por Nível e Regime, passou a ser propiciado ao corpo funcional da Petrobras uma majoração na remuneração de uma boa parte dos empregados, vindo a se estabelecer uma isonomia de remuneração dentre os obreiros de uma determinada região do país, sem que a isonomia avençada implicasse redução da remuneração dos empregados que detinham determinada vantagem, inclusive com habitualidade, em sua integralidade e para consolidação aos respectivos padrões de vencimentos, como forma, de consagração do princípio da estabilidade econômica do obreiro, e os que não detinham essa vantagem. Por exemplo, adicionais de periculosidade ou de insalubridade percebidos por longos anos por parte dos empregados, concedendo-se aos que não tinham essa vantagem, incorporada ou habitualmente percebida, uma remuneração isonômica.

Sem dúvida; trata-se da mais notável conquista nunca antes obtida pelo movimento sindical brasileiro, com o estabelecimento de uma norma consagradora da isonomia em sua dimensão mais ampla e de inigualável alcance.

A consagração da importância das normas autônomas como a maneira em que as partes da relação de emprego mediante ajuste trabalhado são capazes de fazer.

Além desse acréscimo ainda se conferiu uma sobre--remuneração até mesmo para os que detinham com habitualidade o adicional de periculosidade, de mais 4% (quatro por cento) ao nível de remuneração.

Tudo isso foi estabelecido após ampla negociação, toda ela desenvolvida com o firme propósito de manter a isonomia salarial dentre os empregados da Petrobras, lastreada no princípio constitucional da isonomia.

Ante a especial e unicidade dessa estipulação acordada pelas entidades de classe é que esse Juízo consigna que se operou a consagração do princípio da isonomia, para que possa pairar dúvidas quanto o seu acolhimento pelas partes, não deixando menor dúvida a esse respeito, no que tange a consagração da tese jurídica, aqui enfocada e ovacionada "de ofício", para todos os fins de direito, inclusive para fins de acesso ao controle de constitucionalidade pelo Tribunal Superior do Trabalho e bem como pelo Supremo Tribunal Federal. Esse proceder redundou também na majoração de recolhimentos ao fundo privado de complementação de aposentadoria, da Fundação Petrobras de

Seguridade Social — a PETROS, ou seja, mais um benefício a favor da grande maioria de empregados da Petrobras.

Em suma, foram realizadas amplas concessões com a finalidade de assegurar a isonomia do PCAC — Plano de Cargos e Avaliação de Carreiras (denominação no âmbito da Petrobras do plano de cargos, carreiras e salários), redundando em vantagens para todos os integrantes do corpo funcional da PETROBRAS e sem acarretar prejuízo de qualquer natureza ou redução de vantagens remuneratórias para qualquer empregado dessa conceituada empresa e instituição da vida econômica de nosso país.

O ajuste da RMNR consta das cláusulas 35 do acordo coletivo de 2007 (vide fls. 83/84 dos autos) vigente de 01 de setembro de 2007 a 31 de agosto de 2009 (vide fls. 109) e cláusula 36 do acordo coletivo 2009 (vide fls. 129) vigente de 01 de setembro, de 2009 a 31 de agosto de 2011 (vide fls. 158).

Ora, os acordos coletivos celebrados (em seu parágrafo quarto), em verdade trataram de estabelecer a isonomia tão propalada no corpo dessas negociações, e para assegurar a isonomia eleita como norte pela qual se celebraram tais acordos, foi que o valor do "Complemento da RMNR" afigura-se diferente entre os empregados da empresa reclamada, dependendo do que cada um perceba como a Remuneração Mínima por Nível e Função.

Desta maneira, qualquer diferença de "Complemento da RMNR" faz jus o obreiro, diante do caráter de acréscimo equalizador de vantagens remuneratórias de cada empregado de uma determinada região.

Em síntese, os valores do "Complemento da RMNR" são de valores diferentes, com vistas a alcançar a isonomia de remuneração entre os empregados da Petrobras em uma determinada região do país, promovendo assim a isonomia que a finalidade a que o PCAC se direciona a preservar.

(...)

Portanto, admitir-se como discriminatória as normas estabelecidas nesses dois acordos coletivos (2007 e 2009), é o mesmo que se fazer letra morta e se sepultar o princípio da autonomia normativa privada, o mais nobre e relevante princípio de construção no moderno capitalismo social e solidário, em que se mitigar o ranço do capitalismo selvagem, com concessões direcionadas a consagrar novas conquistas no âmbito do espaço reservado à cidadania, no moderno estado social de direito".

O autor interpôs Recurso Ordinário, ao qual o Tribunal Regional do Trabalho da 21ª Região, por maioria, negou provimento, nos seguintes termos:

> *"Destaca-se inicialmente que o recorrente é empregado da reclamada desde 28.01.1985, atualmente exercendo o cargo de Técnico de Perfuração e Poços Pleno (fls. 302/303), encontrando-se em plena atividade laboral.*
>
> *Posto isso, constata-se que desde a inicial alega o reclamante que a reclamada deduz do valor da complementação da RMNR adicionais salariais e outras vantagens pessoais — como periculosidade, noturno, confinamento e sobreaviso — cuja dedução não estaria prevista na norma coletiva que expressamente estabeleceu o cômputo do salário básico (SB), da vantagem pessoal pelo acordo coletivo (VP-ACT) e da vantagem pessoal subsidiária (VP-SUB), sem prejuízo de eventuais outras parcelas pagas.*
>
> *Por sua vez a empresa reclamada sustenta que a forma de cálculo adotada não incorre em qualquer equívoco, uma vez que a RMNR seria o padrão remuneratório mínimo assegurado, somente sendo devida a complementação da RMNR quando o somatório das parcelas salariais do empregado resultar abaixo daquele valor, estando autorizado no ACT o cômputo de "eventuais outras parcelas pagas".*

Constata-se assim que a controvérsia reside na interpretação das cláusulas coletivas que instituíram a Remuneração Mínima por Nível de Regime — RMNR, tendo o douto Juízo "a quo" entendido pela regularidade da interpretação praticada pela PETROBRAS, julgando improcedente a pretensão autoral.

Compulsando-se os autos, observa-se que nos ACTs 2007 e 2009 houve regulamentação específica a respeito da VP-ACT e do adicional de periculosidade.

Na cláusula 8ª dos referidos acordos, nos parágrafos que se seguem (ACT-2007 — fls. XX e ACT-2009 — fls. XX), pode-se deduzir que o adicional de periculosidade e a VP-ACT possuem regramento semelhante, não sendo acumuláveis, e que quem recebe o adicional de periculosidade não recebe a VP-ACT (§ 4º), uma vez que esta parcela se destina a compensar o adicional de periculosidade "por extensão", antes pago aos empregados lotados em bases onde não havia atividade periculosa, como se depreende da análise dos parágrafos 1º e 2º do dispositivo. Percebe-se que as duas parcelas se referem igualmente ao pagamento do adicional de periculosidade e recebem o mesmo regramento, uma sendo excludente da outra, conforme a previsão expressa no ACT.

Assim, por corolário lógico, para quem recebe VP-ACT será computado como tal na fórmula de cálculo e quem recebe o adicional de periculosidade, sob essa rubrica específica, deverá ter a fórmula composta nas mesmas condições, pois não se pode atribuir à mesma parcela dois regramentos distintos. Se a própria parcela VP-ACT se refere ao adicional de periculosidade, então, seja ela sob a rubrica "VP-ACT" ou sob a rubrica "adicional de periculosidade", deverá constar no cálculo para se chegar ao Complemento da RMNR. O que muda é apenas a nomenclatura dada à parcela, mas uma ou outra estará sendo computada. Tanto é verdade que é vedado o pagamento cumulativo das duas parcelas, mesmo aos empregados sujeitos ao regime de periculosidade na forma da lei (Cláusula 8ª, parágrafo 5º).

(...) verifica-se que os adicionais noturnos, de confinamento, de sobreaviso, etc. deverão ser incluídos no cálculo para apuração da complementação da RMNR. Essa constatação decorre da conjugação do parágrafo 3º com o parágrafo 4º da cláusula 35ª (ACT 2007) ou 36ª (ACT 2009), pois aquele (§ 4º) assim disciplina: "o mesmo procedimento será adotado para os empregados que laboram em regime e/ou condições especiais de trabalho em relação às vantagens devidas em decorrência destes".

Ora, não há controvérsia quanto ao objetivo da instituição da RMNR pela empresa, restando patente que se trata de assegurar uma remuneração mínima, por nível e região, buscando equalizar os valores a serem percebidos pelos empregados e aperfeiçoar a isonomia salarial, circunstância que autoriza o cômputo de outras parcelas de natureza salarial para fins de apuração da complementação da RMNR, sob pena de se exacerbar as diferenças salariais eventualmente existentes ao conceder os mesmos valores nas diversas regiões do país.

Registra-se, neste sentido, que no histórico das negociações relativas à implementação da RMNR, há referência acerca das parcelas que compõe a RMNR, como no documento RH/AMB/RTS — 50.093/07, destinado à Federação Única dos Petroleiros — FUP, onde está consignado no item 4.1 que "a remuneração mínima inclui salário básico, periculosidade, VP/ACT, VP/SUB e Adicionais de Regime/Condições de Trabalho." (fls. 283), por onde se comprova a intenção das partes ao celebrar o contrato coletivo.

Assim, não se vislumbra na metodologia aplicada pela PETROBRAS a irregularidade apontada pelo reclamante recorrente.

Destaca-se, ainda, que tal entendimento não configura violação ao princípio protetivo trabalhista, ou mesmo da isonomia, pois não se trata de conflito entre duas normas igualmente aplicáveis ao caso, mas apenas da correta interpretação da regra que garante ao empregado o recebimento do "plus" remuneratório (complemento da RMNR) quando as parcelas salariais não atingirem aquele mínimo assegurado, criado justamente para corrigir as distorções existentes nas diversas regiões do país, proporcionando um tratamento isonômico entre os empregados.

Por todas essas considerações, infere-se que o cálculo aplicado para apuração do complemento da RMNR não apresenta qualquer irregularidade, nem a cláusula do acordo caracteriza violação ou redução de direitos assegurados na Constituição Federal ou de direito garantido por norma infraconstitucional (arts. 5º e 7º, XXIII e XXVI, da CRFB e art. 193, § 3º, da CLT), de modo que se rejeita a alegação de ineficácia da cláusula ou incorreção do cálculo."

Eis a ementa do julgado do TRT21 (Vol. 12):

> *"Complemento de Remuneração Mínima por Nível e Regime. Adicionais. Inclusão. A Remuneração Mínima por Nível e Regime — RMNR consiste no estabelecimento de um valor mínimo, por nível e região, de forma a equalizar os valores percebidos pelos empregados, sendo computados no cálculo da sua complementação os adicionais salariais recebidos pelo empregado, por força do Acordo Coletivo de Trabalho que instituiu o benefício (parágrafos 3º e 4º das Cláusulas 35ª (ACT 2007) e 36ª (ACT 2009)."*

Apresentado Recurso de Revista pelo autor, não foi conhecido pelo Tribunal Superior do Trabalho, pois o entendimento do Tribunal Regional coincidia com a jurisprudência então consolidada na Corte Superior Trabalhista, nos seguintes termos:

> *"Conforme se depreende do v. acórdão regional, a Petrobras, por meio de acordo coletivo, instituiu o Complemento de RMNR, com o intuito de igualar os valores percebidos por seus trabalhadores, em um mesmo nível e região, evitando que qualquer empregado recebesse quantia menor do que a fixada para a Remuneração Mínima por Nível e Regime. Em outras palavras, a reclamada fixou uma espécie de piso salarial para seus empregados.*
>
> *No caso, discute-se a base de cálculo desse piso salarial, sendo que o egrégio Colegiado Regional manteve a r. sentença que incluiu os adicionais da fórmula do Complemento da RMNR.*
>
> *(...) a norma coletiva previu que o valor devido a título de Complemento de RMNR será obtido mediante a dedução da RMNR pelo salário básico do trabalhador acrescido de suas vantagens pessoais — de acordos coletivos e subsidiárias, sem prejuízo de outras eventuais parcelas pagas ao trabalhador.*
>
> *Nessa esteira, no meu entender, as contraprestações pagas a título de adicional devem integrar as vantagens pessoais para fins de dedução do Complemento de RMNR.*

Isso porque, tais parcelas caracterizam ganhos pecuniários que têm o condão de individualizar os trabalhadores submetidos a uma determinada condição daqueles que não fazem jus à referida parcela.

(...) a meu ver, deve-se prestigiar a interpretação restritiva em hipóteses de cláusula de norma coletiva passível de dúvida, haja vista a disposição constante no artigo 114 do CC, que trata dos negócios jurídico benéficos, de plena aplicabilidade nas relações de trabalho, não obstante o princípio protetor. Logo, diante da natureza jurídica dos adicionais e da inexistência de restrição na norma coletiva à sua inclusão na base dedutível do Complemento de RMNR, tenho como devido o acréscimo destes ao salário básico do empregador para fins de cálculo do benefício em comento. Ratificando o entendimento aqui exposto, ressalto que esta Corte Superior, ao interpretar o alcance da norma coletiva que institui o Complemento de RMNR, vem firmando entendimento de que adicionais percebidos pelo empregado em razão de condições especiais em que exercido o labor, tais quais os adicionais de periculosidade, trabalho noturno, horas extraordinárias e confinamento, devem ser somados ao salário básico para fins de cálculo, sendo válida a negociação coletiva nesse sentido.

Ressalte-se ainda, que não há afronta ao Princípio da Isonomia, ao utilizar essa fórmula, visto que não há como se igualar pessoas que estão em situações desiguais. Ora, os empregados se inserem em situações funcionais distintas, de forma que não há como manter a equivalência do percentual pago a título de RMNR.".

O julgado ficou assim ementado:

"RECURSO DE REVISTA. ACORDO COLETIVO. PAGAMENTO DE RMNR (REMUNERAÇÃO MÍNIMA POR NÍVEL E REGIME). BASE DE CÁLCULO. No caso em exame, discute-se a base de cálculo do Complemento de RMNR — Remuneração Mínima por Nível e Regime — benefício pecuniário instituído por norma coletiva pela PETROBRAS.

Esta Corte Superior, ao interpretar o alcance da norma coletiva que institui o Complemento de RMNR, firmou entendimento de que adicionais percebidos pelo empregado em razão de condições especiais em que exercido o labor, tais quais os adicionais de periculosidade, trabalho noturno, horas extraordinárias e confinamento, devem ser somados ao salário básico para fins de cálculo, sendo válida a negociação coletiva nesse sentido. Precedentes.

Sendo assim, o Colegiado Regional, ao manter a r. sentença que incluiu os adicionais na fórmula do Complemento da RMNR, decidiu em consonância com a jurisprudência desta colenda Corte. Incidência da Súmula n. 333 e artigo 896, § 4º, da CLT. Recurso de revista não conhecido."

Em face desse acórdão, o autor da ação apresentou o recurso de Embargos, previsto no art. 894, II, da Consolidação das Leis do Trabalho.

Em sessão ordinária de 16/3/2017, a Seção de Dissídios Individuais decidiu, por maioria, afetar ao Tribunal Pleno a questão da "interpretação de cláusulas de convenções coletivas de trabalho dos petroleiros, em que se assegurou o pagamento da parcela denominada RMNR", matéria referente ao tema "Petrobras. Complementação da Remuneração Mínima por Nível e Regime — RMNR. Base de Cálculo, Norma Coletiva. Interpretação. Adicionais Convencionais", instaurando o incidente de recursos repetitivos, previsto no artigo 896-C da CLT.

A Corte Trabalhista, então, decidiu, em acórdão assim ementado (Doc. 495):

"INCIDENTE DE RECURSOS REPETITIVOS. COMPLEMENTO DA REMUNERAÇÃO MÍNIMA POR NÍVEL E REGIME — RMNR. CÁLCULO. POSSIBILIDADE DE INCLUSÃO DE ADICIONAIS PREVISTOS NA CONSTITUIÇÃO FEDERAL, EM LEI, NORMAS COLETIVAS, REGULAMENTOS EMPRESARIAIS E CONTRATOS INDIVIDUAIS DE TRABALHO. NORMA COLETIVA — INTERPRETAÇÃO CONFORME A CONSTITUIÇÃO. EFEITOS DOS PRINCÍPIOS DA

ISONOMIA, DA RAZOABILIDADE, DA PROPORCIONALIDADE. DEVIDO PROCESSO LEGAL. LIMITAÇÕES À AUTONOMIA DA VONTADE COLETIVA. EFICÁCIA DE NORMAS DE ORDEM PÚBLICA. RESGUARDO DA DIRETRIZ DO ART. 7º, XXVI, DA CONSTITUIÇÃO FEDERAL. TESE JURÍDICA.

1. A questão submetida ao rito de recursos repetitivos está assim formulada: "levando em conta os antecedentes à negociação coletiva que instituiu a RMNR (remuneração mínima por nível e regime), os conteúdos das normas coletivas e a forma de apuração do título, a parcela 'complementação da RMNR' considera, exclui ou inclui e poderia considerar, excluir ou incluir, para os trabalhadores que os merecem, os adicionais previstos na Constituição da República e em Lei ou convencionais e contratuais?"

2. O dissenso pretoriano hábil a animar o microssistema de formação de precedentes obrigatórios decorre, basicamente, da interpretação merecida por cláusulas inscritas em instrumentos normativos, negociados pela Petrobras e empresas do grupo, com similares teores: "Cláusula 35ª — Remuneração Mínima por Nível e Regime — RMNR. A Companhia praticará para todos os empregados a Remuneração Mínima por Nível e Regime — RMNR, levando em conta o conceito de remuneração regional, a partir do agrupamento de cidades onde a Petrobras atua, considerando, ainda, o conceito de microrregião geográfica utilizado pelo Instituto Brasileiro de Geografia e Estatística — IBGE. Parágrafo 1º — A RMNR consiste no estabelecimento de um valor mínimo, por nível e região, de forma a equalizar os valores a serem percebidos pelos empregados, visando o aperfeiçoamento da isonomia prevista na Constituição Federal. Parágrafo 2º — Os valores relativos à já mencionada RMNR estão definidos em tabelas da Companhia e serão reajustados em 6,5% (seis vírgula cinco por cento) a partir de 01/09/2007. Parágrafo 3º — Será paga sob o título de 'Complemento da RMNR' a diferença resultante entre a 'Remuneração Mínima por Nível e Regime' de que trata o caput e: o Salário Básico (SB), a Vantagem Pessoal — Acordo Coletivo de Trabalho (VPACT) e a

Vantagem Pessoal — Subsidiária (VP-SUB), sem prejuízo de eventuais outras parcelas pagas, podendo resultar em valor superior a RMNR. Parágrafo 4º — O mesmo procedimento, definido no parágrafo antecedente, aplica-se aos empregados que laboram em regime e/ou condições especiais de trabalho em relação às vantagens devidas em decorrência destes" (redação dada ao acordo coletivo de trabalho celebrado com a Petrobras, para vigorar entre 2007 e 2009).

3. A edição de tal regramento sucede a longa inquietação, no âmbito das empresas, em relação à isonomia, basicamente decorrente do fato de haver histórico pagamento de adicional de periculosidade, indiscriminadamente, a todos os seus empregados, prática, inclusive, proibida pelo Tribunal de Contas da União, após denúncia do Ministério Público do Trabalho. Em tal ambiente, são apresentadas cartas remetidas aos entes sindicais e informativos internos, destinados aos empregados, em cuja análise, constata-se que, em nenhum deles, está demonstrado, matematicamente, que o fato de a RMNR considerar ou levar em consideração as parcelas, vantagens ou adicionais neles mencionados significaria que os trabalhadores teriam os valores a eles correspondentes inseridos na operação destinada à apuração do valor correspondente ao complemento da RMNR.

4. Aliás, extrai-se do universo dos autos afetados que a RMNR foi concebida e divulgada como valor mínimo a ser pago aos empregados das empresas do Sistema Petrobras: não é teto.

5. No exame da questão, não se põe em discussão o merecimento da remuneração mínima por nível e regime (RMNR) ou o fato de a respectiva complementação ser paga em valores diversificados, conforme a situação de cada empregado. O debate está centralizado na possibilidade de a parcela absorver, ao ser calculada, os adicionais com origem em regras constitucionais, legais, convencionais, regulamentares e contratuais.

6. Na leitura do parágrafo terceiro da cláusula sob enfoque, não se pode afirmar que a vírgula colocada antes de "sem prejuízo" (na expressão "..., sem prejuízo de eventuais outras parcelas pagas, podendo resultar em valor superior a RMNR") tem a função de adição. Ela, a vírgula, nesse texto, tem o valor de exclusão. Isso, porque o sintagma preposicional ou sintagma preposicionado que a ela se segue — sem prejuízo —, cujo núcleo é a preposição "sem", tem o valor semântico de "sem embargo", de "sem prejudicar o recebimento". Tanto assim é que a inclusão da vírgula e da ressalva ocorreu em momento posterior à negociação, a pedido dos sindicatos profissionais, com o intuito de evitar, exatamente, que a soma de remunerações que ultrapassasse a RMNR fosse impactada com este suposto teto — a RMNR. Em outras palavras, o pedido de inclusão desse trecho e da vírgula teve a finalidade de impedir que a cláusula fosse interpretada na forma defendida pelas empresas do Sistema Petrobras.

7. Independentemente da intenção inicial das empresas, que, ao que tudo indica, era a de somar as eventuais outras parcelas pagas e os adicionais e vantagens devidos em decorrência de regime ou condições especiais de trabalho, o que restou acordado, com a inserção do texto após a vírgula, foi a exclusão dessas parcelas da base de cálculo para apuração do complemento da RMNR. Dentro desse quadro e dos antecedentes e fatos contemporâneos à negociação coletiva, apurados nos autos e em audiência pública, não há como se conceber a ideia de que os trabalhadores tenham cedido à pressão das empresas, aceitando manter o tratamento discriminatório — em vários níveis — historicamente praticado.

8. É inegável, no entanto, que se trata de regra polissêmica ou plurissignificativa. Frente a tal categoria de regras, onde ao menos um sentido se revele compatível com a Carta Magna, procede-se à interpretação conforme a Constituição, técnica de origens americana e alemã, que nada mais é do que forma de controle de constitucionalidade. A ferramenta atende aos necessários princípios da segurança jurídica, da proporcionalidade, da razoabilidade e do respeito à autonomia privada coletiva, uma vez que preserva a norma, em lugar de a suprimir ("avoidance doctrine"). Impõe-se, portanto, aqui, utilizar a Constituição como vetor hermenêutico: as normas constitucionais não são apenas parâmetro, mas normas de conteúdo (Konrad Hesse).

9. Entra, então, em cena o princípio da isonomia, positivado no art. 5º, "caput", da Constituição Federal, representando um protoprincípio, com força e densidade normativas suficientes para acionar o controle de constitucionalidade. Tem, também, caráter suprapositivo, de forma que, ainda que implícito, há de ser observado (Ernest Forsthoff).

10. Sua eficácia é não só vertical, vinculando o Estado, como horizontal, entre particulares. Mas não basta a igualdade perante a lei (formal), desvinculada da obrigação de se a fazer efetiva. Para Hannah Arendt, ela "não é um dado, mas um construído". Isonomia, portanto, implica igualdade construída, em que se atribua tratamento desigual a situações fáticas distintas. Joaquim José Calmon de Passos afirma que, "se trato desigualmente os iguais, discrimino. Se trato igualmente os desiguais, discrimino". O tratamento diferenciado que a igualdade assegura não é fruto de mera arbitrariedade, devendo ser aplicado com razoabilidade, em função de necessidades específicas, de modo a evitar perseguições odiosas ou concessão de privilégios injustificados, como leciona Bernard Schwartz: "o direito à proteção isonômica é direito de não ser tratado diferentemente de outros na comunidade, a menos que a diferenciação de tratamento seja baseada em uma classificação que seja, ela própria, razoável. O princípio não significa que a legislação não possa impor fardos especiais ou garantir privilégios especiais; significa que nenhuma norma deva fazê-lo sem boa razão".

11. Importante pontuar, com Fredie Didier Jr, que "o devido processo legal aplica-se, também, às relações jurídicas privadas. Na verdade, qualquer direito fundamental pode aplicar-se ao âmbito das relações jurídicas privadas, e o devido processo legal é um deles. A palavra "processo", aqui, deve ser compreendida em seu sentido amplo, conforme já visto: qualquer modo de produção de normas jurídicas (jurisdicional, administrativo, legislativo ou negocial)." Tanto implica revolver os conceitos de proporcionalidade e, como propõe a doutrina americana, de razoabilidade. A proporcionalidade, embutida em outro princípio dos princípios, é valiosa, no caso, "por funcionar como a medida com que uma norma deve ser interpretada no caso concreto para a melhor realização do fim constitucional nela embutido ou decorrente do sistema" (Ministro Luís Roberto Barroso). Além de demandarem proporcionalidade e razoabilidade em sua edição (o devido processo legal, nos termos do art. 8º do CPC), recorde-se que as normas coletivas de origem autônoma não reclamam métodos interpretativos diversos daquelas de origem heterônoma. Assim sendo, subsiste a indagação: se a isonomia era o propósito patronal, estar-se-ia atendendo ao princípio quando a empresa dá igual tratamento tanto a quem se expõe a condições gravosas de trabalho como àqueles que desfrutam dos confortos do escritório? Não se estaria, definitivamente, igualando os desiguais? Respeitar-se-ia a Constituição Federal e as garantias impostas pelos seus arts. 5º e 7º? A resposta se afirma negativa. Em verdade, sonegar vantagens àqueles que a merecem, por submetidos a condições especiais de trabalho, não pode ser, em boa razão jurídica e sob o mínimo de bom senso, fardo que se equipare ao privilégio de estender, por exemplo, o adicional de periculosidade a quem não está exposto a riscos.

12. No campo do Direito do Trabalho, o princípio da igualdade mostra uma de suas faces pela isonomia salarial (art. 7º, XXX, da CF). Contudo, isso não significa que se possa pretender, de forma irrestrita, a obrigatoriedade de pagamento de salários iguais a todos os trabalhadores de uma mesma empresa, independentemente de suas diferenças. Assim, o adicional de periculosidade, por exemplo, foi criado como norma de ordem pública, para remunerar empregados que trabalhem em situações tipificadamente mais gravosas (art. 7º, XXX, da Constituição Federal). Esta Corte firmou posicionamento no sentido de considerar infensas à negociação coletiva medidas de higiene, saúde e segurança do trabalho, garantidas por norma de ordem pública (art. 193 da CLT e art. 7º, XXII e XXIII, da Constituição Federal).

13. Por argumento, ainda sob a chamada "reforma trabalhista", tratando-se de direitos sociais, não podem jamais ter seu núcleo suprimido na vigência da Constituição. A reforma da CLT, embora divise a predominância do negociado sobre o legislado, veda, expressamente, no art. 611-B (com a redação da Lei n. 13.467, de 13.7.2017), incisos VI, X, XVIII (sim, irretroativos), respectivamente, que se pactue em torno de "remuneração do trabalho noturno superior à do diurno"; "remuneração do serviço extraordinário superior, no mínimo, em 50% (cinquenta por cento) à do normal"; "adicional de remuneração para as atividades penosas, insalubres ou perigosas". Nisto, andou bem a Lei, ao dar guarida à Carta Magna, blindando direitos que oferece e que são imunes à supressão ou modificação, quer pelo legislador ordinário, quer (e muito mais) por particulares. Se tais direitos já não podiam ser objeto de avença coletiva sob a convivência com o ambiente decorrente dos preceitos inscritos na CLT até a edição da referida Lei, nota-se que, agora, em visão prospectiva, com muito maior razão, positivou-se a vedação.

14. Diante disso, as cláusulas normativas, seguidos os critérios defendidos pelas empresas, podem ter partido de uma premissa de igualdade formal, mas incorrem em discriminação inconstitucional, por ofensa ao princípio da igualdade material. Os que trabalham em situações mais gravosas, embora recebam, virtualmente, seus adicionais, não são, na prática, diferenciados dos que não têm direito às parcelas. As remunerações de ambos os grupos foram niveladas pela RMNR, igualando onde deveria desigualar.

15. É de se dizer que a interpretação dada pela Petrobras à norma peca pelo que se intitula superabrangência, pois inclui situações que merecem diferenciação positiva. Trata-se de circunstância segundo a qual a norma "regula indivíduos que não estão similarmente situados — o que significa ... abrange mais pessoas do que necessitaria para alcançar seu propósito" (Erwyn Chemrerinsky). Em tal caso, rompe-

se a isonomia material e a norma está quebrada pela força da Constituição.

16. A interpretação conforme a Constituição, no caso sob apreço, não leva à nulidade integral das cláusulas em pesquisa, mas à sua aplicação de acordo com os preceitos de ordem pública que as devem orientar.

17. O respeito à negociação coletiva não é livre de restrições e, para o caso, as cláusulas interpretadas jamais nomearam, expressamente, os adicionais de origem constitucional ou legal, tratando-se, a absorção de ditas parcelas, no cálculo da complementação de RMNR, de procedimento instituído e praticado pelas empresas, sem explícita autorização nas normas coletivas. Porque não se discute a validade da RMNR, é irrelevante que o título tenha base convencional. Isto não se discute ou condena.

18. Considerando o universo da Petrobras Distribuidora S.A., rememore-se que não há como se legitimar, pela via da negociação coletiva, a supressão de direito definido em norma imperativa e de ordem pública, sob pena de se negar vigência, eficácia e efetividade de regras instituídas pelo Poder Legislativo, competente para tanto, e de se ofender os limites constitucionalmente oferecidos. Ainda que os instrumentos de direito coletivo aplicáveis à empresa façam referência ao adicional de periculosidade, pela interpretação que inclui os demais adicionais de caráter constitucional e legal na base de cálculo para apuração do "complemento da RMNR", resultam em inconstitucional contaminação do princípio da igualdade material, não podendo prevalecer.

19. Considerando os fatos pretéritos e contemporâneos às negociações coletivas que levaram à criação da remuneração mínima por nível e regime — RMNR, pela Petrobras e empresas do grupo, pode-se concluir, sem que tanto conduza a vulneração do art. 7º, XXVI, da Constituição Federal, que os adicionais de origem constitucional e legal, destinados a remunerar o trabalho em condições especiais ou prejudiciais (adicionais de periculosidade e insalubridade, adicionais pelo trabalho noturno, de horas extras, repouso e alimentação e outros), não podem ser incluídos na base de cálculo, para apuração do "complemento da RMNR", sob pena de ofensa aos princípios da isonomia, da razoabilidade, da proporcionalidade, da realidade e pela ínsita limitação à autonomia da vontade coletiva. Por outro lado, os adicionais criados por normas coletivas, regulamento empresarial ou descritos nos contratos individuais de trabalho, sem lastro constitucional ou legal, porque livres do império do "jus cogens", podem ser absorvidos pelo cálculo em testilha.

20. Sem alteração da jurisprudência predominante na Corte, não há que se cogitar de modulação" (IRR-21900-13.2011.5.21.0012, Tribunal Pleno, Relator Ministro Alberto Luiz Bresciani de Fontan Pereira, DEJT 20/09/2018)."

Tal julgado importou o acolhimento parcial dos pedidos iniciais, nos seguintes termos:

"5 — por unanimidade, conhecer do recurso de embargos interposto nos autos do processo n. E-RR-21900-13.2011.5.21.0012, por divergência jurisprudencial, e, no mérito, nos termos da tese ora firmada, dar-lhe provimento parcial para condenar a Petrobras ao pagamento de diferenças do complemento de RMNR e reflexos, observada a prescrição quinquenal declarada na sentença, determinando que, quando do cálculo da parcela denominada complemento de RMNR, os adicionais de origem constitucional ou legal sejam excluídos, considerados dedutíveis apenas os adicionais criados por normas coletivas, por regulamento de empresa ou meramente contratuais, respeitados os limites do pedido;"

O autor aceitou o resultado; entretanto, sobrevieram quatro Recursos Extraordinários buscando a improcedência total.

As razões recursais da Petrobras; da Petrobras Distribuidora S/A; da Petrobras S. A. — Transpetro; e da União são bastante semelhantes, razão pela qual serão apresentadas conjuntamente.

Apontam ofensa aos arts. 5º, caput, XXXVI, § 2º; 7º, IV, XVI, XXIII, XXVI; 8º, VI; 170, caput; todos da Constituição, bem como à Súmula Vinculante n. 37.

Sustentam, em síntese, que:

> *(a) ao permitir a exclusão de determinados adicionais do cálculo do COMPLEMENTO DA RMNR, o acórdão recorrido decidiu contrariamente ao que foi validamente definido nas negociações que resultaram no Acordo Coletivo de 2007/2009;*
>
> *(b) ao assim proceder, ofende gravemente a liberdade de negociação e a autonomia das partes, consagrada na Constituição;*
>
> *(c) o Tribunal a quo conferiu equivocada interpretação ao princípio da isonomia;*
>
> *(d) permitir a desconsideração dos adicionais de matriz constitucional ou legal do cálculo do "COMPLEMENTO DA RMNR" proporciona maiores distorções, pois beneficia excessivamente o empregado submetido a condições especiais;*
>
> *(e) as soluções obtidas por meio do Acordo Coletivo são as melhores possíveis, pondo fim, de modo democrático e participativo, a décadas de disputas e iniquidades;*
>
> *(f) aplica-se, por analogia, a Súmula Vinculante n. 37, segundo a qual "não cabe ao Poder Judiciário, que não tem função legislativa, aumentar vencimentos de servidores públicos sob o fundamento de isonomia".*

Em contrarrazões, o recorrido aponta, em preliminar, a inexistência de repercussão geral da matéria recursal; no mérito, defende, em suma, o acerto da decisão do Tribunal Superior do Trabalho.

O TST admitiu os quatro recursos extraordinários.

Por meio de decisão publicada em 6/8/2018, o Ministro DIAS TOFFOLI, no exercício da Vice-Presidência do SUPREMO TRIBUNAL FEDERAL, concedeu a tutela provisória incidental, de natureza cautelar, postulada pela Petróleo Brasileiro S.A. — PETRO-

BRAS na Petição 7755-MC; obstando os efeitos do julgamento proferido pelo TST, nos autos dos IRRs 21900-13.2011.5.21.0012 e 118-26.2011.5.11.0012, bem como mantendo suspensos, nos Tribunais e Juízos em que se encontrarem, as ações individuais e coletivas que discutem a matéria objeto daqueles IRRs, qualquer que seja a fase de sua tramitação, até final deliberação desta SUPREMA CORTE acerca do tema, ou ulterior deliberação, em sentido contrário, do Ministro relator.

Na sequência, na qualidade de Relator da Pet 7755, ratifiquei a determinação acima (Dje de 13/8/2018), estendendo a decisão, inclusive, às ações rescisórias em curso sobre a matéria, para que permanecessem suspensas nos Tribunais em que se encontrassem.

Os presentes autos foram a mim distribuídos em 12/2/2020, em face da prevenção com a Pet 7755.

Em 28/4/2020, a Petróleo Brasileiro SA — Petrobras requereu (Petição 26.153/2020) tutela de urgência, de natureza antecipada e incidental, para suspender o pagamento das obrigações de trato sucessivo provenientes de decisão judicial, transitadas em julgada ou não, que alterem a fórmula de cálculo do complemento da RMNR. Requereu, ainda, a interrupção do pagamento de tal diferença remuneratória até o julgamento final dos presentes Recursos Extraordinários (Doc. 713).

Por sua vez, na data de 11/5/2020, a PETROBRAS DISTRIBUIDORA S/A postulou (Petição 30.892/2020) a substituição dos depósitos judiciais recursais e depósitos garantidores por seguro garantia, em todos os processos judiciais em curso no território nacional, cujo objeto seja o recálculo do complemento da parcela denominada RMNR (Doc. 753).

É o Relatório.

I — DELIMITAÇÃO DA MATÉRIA EM JULGAMENTO

A Petrobras, por meio de acordo coletivo, instituiu o Complemento de Remuneração Mínima por Nível e Regime — RMNR, com o intuito de igualar os valores percebidos por seus trabalhadores, em um mesmo nível e região, evitando que qualquer empregado recebesse quantia menor do que a fixada para a RMNR. A rigor, a reclamada fixou uma espécie de piso salarial para seus empregados.

O ora recorrido pleiteou o pagamento de diferenças relativas a essa complementação do RMNR, por considerar que a empresa, para definir o valor, estava incluindo no cálculo adicionais salariais e outras vantagens pessoais — como os adicionais de periculosidade, noturno, de confinamento e sobreaviso — cuja dedução não estaria prevista na norma coletiva que expressamente estabeleceu o cômputo do salário básico (SB), da vantagem pessoal pelo acordo coletivo (VP-ACT) e da vantagem pessoal subsidiária (VP-SUB), sem prejuízo de eventuais outras parcelas pagas.

Tanto a sentença como o acórdão do Tribunal Regional do Trabalho da 21ª Região entenderam que os adicionais devem compor o cálculo do complemento da RMNR e, por isso, julgaram improcedente o pedido do reclamante.

Sobrevindo recursos, o Tribunal Superior do Trabalho afetou a matéria a seu Tribunal Pleno, no qual se instaurou o incidente de recursos repetitivos, previsto no artigo 896-C da CLT.

Nesse incidente RR-21900-13.2011.5.21.0012, o TST decidiu, em síntese que:

> *"os adicionais de origem constitucional e legal, destinados a remunerar o trabalho em condições especiais ou prejudiciais (adicionais de periculosidade e insalubridade, adicionais pelo trabalho noturno, de horas extras, repouso e alimentação e outros), não podem ser incluídos na base de cálculo, para apuração do "complemento da RMNR", sob pena de ofensa aos princípios da isonomia, da razoabilidade, da proporcionalidade, da realidade e pela ínsita limitação à autonomia da vontade coletiva. Por outro lado, os adicionais criados por normas coletivas, regulamento empresarial ou descritos nos contratos individuais de trabalho, sem lastro constitucional ou legal, porque livres do império do "jus cogens", podem ser absorvidos pelo cálculo em testilha."*

Assim, a decisão anterior foi reformada, acolhendo-se o pedido do autor.

É contra esse acórdão a irresignação das empresas recorrentes, por meio dos presentes Recursos Extraordinários.

Dada a semelhança dos fundamentos e identidade dos dispositivos constitucionais apontados como violados, os apelos extraordinários serão analisados conjuntamente.

Em síntese, as empresas recorrentes articulam em suas razões recursais o seguinte:

> *(a) consoante o entendimento fixado nos RE 590.415/SC e RE 895.759/PE AgR, o Judiciário não pode criar nova previsão normativa não pactuada por ambas as partes, pois, para o afastamento das vontades livremente acordadas em norma coletiva, deve-se considerar o conjunto das normas; ou, acaso invalidado todo o acordado, deve-se devolver as partes ao estado que estavam antes da pactuação;*
>
> *(b) conforme a jurisprudência do STF, não cabe ao Poder Judiciário, que não tem função legislativa, aumentar vencimentos de servidores públicos sob o fundamento de isonomia, nos termos da Súmula Vinculante n. 37;*
>
> *(c) a RMNR, trata-se de política remuneratória prevista no Termo Aditivo ao Acordo Coletivo de Trabalho de 2005/2007, que foi reproduzida nos acordos coletivos seguintes. Consiste em parâmetro remuneratório mínimo, para garantir a isonomia e melhores condições aos trabalhadores do sistema PETROBRAS, e varia de acordo com (i) o nível em que o empregado estiver na carreira; (ii) o regime de trabalho (sob condições especiais ou não), e (iii) a região em que se encontrem; três critérios — objetivos e razoáveis — livremente acordados pelas partes dentro dos limites da autonomia negocial que foi outorgada pela Carta Constitucional;*
>
> *(d) os aludidos parâmetros não violam o princípio da isonomia, haja vista que os diferentes níveis na carreira (de nível superior e médio) estão fixados em plano de cargos, e variam de acordo com progressões horizontais e/ou*

verticais, por mérito e antiguidade; e os regimes de trabalho apresentam diferentes patamares remuneratórios mínimos e, consequentemente, adicionais e complementos distintos, a depender da complexidade ou condição do respectivo regime; De fato, a RMNR facilita a mobilidade funcional e permite a adequação da remuneração a diferentes realidades regionais;

(e) a Constituição prevê não só a possibilidade de fixação dos padrões de vencimento em razão (i) da natureza, do grau de responsabilidade e da complexidade dos cargos componentes de cada carreira, (ii) dos requisitos para a investidura e (iii) das peculiaridades dos cargos (artigo 39, §1º, da CF/88), como também permite a redução da remuneração por acordo coletivo. No caso dos autos, o estabelecimento da RMNR representou um ganho remuneratório que variou de 2% a 4%.

(f) os adicionais legais ou constitucionais não foram suprimidos ou reduzidos pela cláusula questionada, o complemento da RMNR apenas complementa o valor da parcela/adicional, se a remuneração total ficar abaixo do patamar definido pela RMNR;

(g) a decisão do TST faz computar em dobro os adicionais legais e constitucionais, e cria parâmetro remuneratório distinto daquele negociado pela vontade originária das partes, causando grave distorção na política remuneratória do Sistema PETROBRAS (Holding e Subsidiárias), conferindo aumento de até 129% nos salários, haja vista que uma remuneração de pouco mais de R$ 18 mil para um cargo técnico, poderá atingir a cifra de mais de R$ 37 mil, acaso deferidos todos os pedidos das entidades sindicais;

(h) o comportamento dos sindicatos é contraditório, uma vez que pleiteia a manutenção do patamar remuneratório mínimo fixado pela RMNR no acordo coletivo, e, por outro lado, pretende rever a validade da vontade das partes na pactuação da forma de cálculo do complemento da RMNR;

(i) "Os limites da análise da validade do referido pacto deveriam se restringir à verificação de eventual violação ao 'pacto civilizatório mínimo', ou seja, àqueles direitos fun-

damentais que não comportariam redução por negociação coletiva. E uma vez constatada eventual violação ao chamado 'pacto civilizatório mínimo', deveria o Poder Judiciário invalidar toda a norma. Com todas as vênias, jamais poderia criar uma terceira norma em substituição à vontade das partes, onerando demasiadamente a entidade patronal."

(j) "a transação de direitos retratada na cláusula da RMNR é meramente econômica e remuneratória, baseada em critérios objetivos e razoáveis. Não se pactuou, em nenhum momento, a redução das condições de saúde do trabalhador, tampouco se suprimiu qualquer adicional constitucionalmente garantido"; e

(l) o Acordo Coletivo de Trabalho foi livremente pactuado entre as partes e constitui ato jurídico perfeito, sendo que a RMNR revela uma faceta da livre-iniciativa de comum acordo negociado entre sindicatos e empregador. O objetivo foi resolver o problema da disparidade remuneratória presente na empresa, configurando exercício do poder diretivo empresarial (art. 2º, da CLT), e livre-iniciativa (arts. 1º, IV, 170, caput, da CR).

Ao fim, requerem o provimento dos Recursos Extraordinários, reconhecendo-se a validade da negociação coletiva expressa no Acordo Coletivo de Trabalho de 2007 e posteriores. Subsidiariamente, postulam a invalidação de toda cláusula que estabeleceu a Remuneração Mínima por Nível e Regime — RMNR, devolvendo-se as partes ao status quo ante.

II — A DISTINÇÃO EM FACE DO TEMA 795 DE REPERCUSSÃO GERAL

Preliminarmente, é preciso examinar as semelhanças e as diferenças entre a matéria que ora se submete a julgamento e o Tema 795 da repercussão geral.

Em 13/2/2015, o saudoso Min. TEORI ZAVASCKI lançou para discussão no PLENÁRIO VIRTUAL manifestação no ARE 859.878.

Seguem os termos do voto de S. Exa.:

"Decisão:

1. Trata-se de agravo contra decisão que inadmitiu recurso extraordinário interposto em ação trabalhista ajuizada em face de Petróleo Brasileiro S/A (Petrobras). Alega o reclamante que, desde 2007, vigora a Remuneração Mínima por Nível e Regime (RMNR), descrita na Cláusula 35ª do Acordo Coletivo de Trabalho (ACT) de 2007/2009 como o estabelecimento de um valor mínimo, por nível e região, de forma a equalizar os valores a serem percebidos pelos empregados, visando o aperfeiçoamento da isonomia prevista na Constituição Federal (fl. 4, peça 2).

Sustenta, ademais, que o referido acordo coletivo estabeleceu o pagamento, sob o título de Complemento da RMNR, da diferença resultante entre a RMNR e o Salário Básico, a Vantagem pessoal Acordo Coletivo de Trabalho (VP-ACT) e a Vantagem Pessoal Subsidiária (VP-SUB), podendo resultar em valor superior à RMNR.

Afirma que a Cláusula 36ª do ACT de 2009/2011 repetiu, no todo, a redação da Cláusula 35ª do ACT de 2007/2009.

Não obstante, aduz que a reclamada, desde que foi instituída a RMNR, paga de forma incorreta o seu complemento, calculando-o por meio da subtração da RMNR pelo Salário Básico acrescido do adicional de periculosidade, adicional de trabalho noturno e adicional de Hora de Repouso e Alimentação — HRA, em contrariedade ao que está previsto no acordo coletivo.

Assim, requer, em síntese, seja condenada a reclamada ao pagamento das diferenças do complemento da RMNR, acrescidas de correção monetária, juros de mora e reflexos das demais verbas trabalhistas.

O Tribunal Superior do Trabalho decidiu, em suma, que (a) a fórmula de cálculo prevista na norma coletiva para a parcela Complemento de RMNR traz nítida a ideia de acréscimo ou de aumento, e não de diminuição, como vem procedendo a empregadora, ao subtrair indevidamente do valor desse complemento os adicionais inerentes ao trabalho em condições especiais, acarretando aos empregados que laboram nessas condições a percepção de Complemento de RMN sempre menor do que aquele que é pago aos demais empregados, na exata proporção do valor dos referidos adicionais (fl. 20, peça 37); (b) interpretando concretamente a multicitada cláusula coletiva 35ª, objeto da controvérsia, da leitura do seu § 3º se verifica que as parcelas a serem subtraídas da RMNR, para a obtenção do valor do Complemento de RMNR a ser pago ao empregado, estão expressamente discriminadas, quais sejam o Salário Básico (SB), a Vantagem Pessoal Acordo Coletivo de Trabalho (VP-ACT) e a Vantagem Pessoal Subsidiária (VP-SUB) (fl. 22, peça 37); (c) partindo-se de uma interpretação sistemática da cláusula 35ª, extrai-se que a ressalva constante da parte final do seu § 3º, que dispõe sem prejuízo de eventuais outras parcelas pagas, só pode ser razoavelmente interpretada no sentido de que essas outras parcelas pagas, a exemplo dos adicionais de periculosidade, noturno, de horas de repouso e alimentação, de sobreaviso e de confinamento, entre outros, não devem compor o cálculo do valor final do complemento de RMNR devido a cada empregado, de forma a reduzi-lo na exata proporção aritmética, como já descrito (fl. 22, peça 37).

Os embargos de declaração opostos foram rejeitados, consignando-se que não se visualiza violação à Lei n. 7.701/88, suscitada pela embargante, à guisa de que teriam sido desrespeitadas a especialização e a competência funcional dos órgãos julgadores do Tribunal Superior do Trabalho, visto que a SBDI-1 nada mais fez do que interpretar, no âmbito do julgamento de recurso de embargos e à luz da Constituição Federal, o disposto na norma coletiva em questão, nos exatos limites de suas atribuições (fl. 3, peça 49).

No recurso extraordinário, a parte recorrente sustenta, preliminarmente, a existência de repercussão geral da matéria, conforme estabelece o art. 543-A, § 2º, do CPC, porquanto (a) a controvérsia transcende o interesse subjetivo das partes, possuindo relevância do ponto de vista econômico, político, social e jurídico; (b) atualmente, tramitam na Justiça do Trabalho cerca de 2.500 processos acerca do assunto ora discutido.

Aponta ofensa aos seguintes dispositivos constitucionais: (a) arts. 5º, XXXVI, e 7º, XXVI, pois negou-se vigência à cláusula que vem sendo cumprida há pelo menos 6 anos; (b) art. 7º, VI, ao argumento de que, ao negar a fixação de piso remuneratório mínimo por via de negociação coletiva, vulnerou-se o preceito constitucional que permite a redução salarial por meio de convenção ou acordo coletivo; (c) art. 5º, caput, pois o acórdão recorrido resulta na quebra da isonomia ao entender ser necessário tratamento desigual entre aqueles que laboram em condições especiais e os demais trabalhadores.

Sustenta, ademais, que o julgamento do caso pela Subseção de Dissídios Individuais 1 (SBDI-1) violou a Súmula Vinculante n. 10, uma vez que importou negativa de vigência ao art. 1º da Lei n. 7.701/88, que determina a apreciação da questão pela Seção de Dissídios Coletivos. Requer, por fim, o provimento do recurso extraordinário para que seja restabelecido o acórdão do Tribunal Regional do Trabalho da 21ª Região, julgando-se improcedente o pedido inicial.

Em contrarrazões, a parte recorrida postula, preliminarmente, o não conhecimento do recurso, em razão da ausência de violação constitucional direta.

No mérito, pede o desprovimento do recurso.

2. No que toca à alegada violação à Súmula Vinculante n. 10, o dispositivo que alegadamente teve a aplicação afastada pelo Tribunal de origem tem a seguinte redação:

Lei n. 7.701/88 Art. 1º — O Tribunal Superior do Trabalho, nos processos de sua competência, será dividido em turmas e seções especializadas para a conciliação e julgamento de dissídios coletivos de natureza econômica ou jurídica e de dissídios individuais, respeitada a paridade da representação classista.

O acórdão que rejeitou os embargos de declaração evidencia que o TST limitou-se a interpretar a Lei n. 7.701/88 para decidir, sem se utilizar de qualquer fundamento constitucional, que a competência para o julgamento da causa era da Subseção de Dissídios Individuais 1, e não da Seção de Dissídios Coletivos.

É pacífica a jurisprudência desta Corte no sentido de que não viola a cláusula de reserva de plenário ou a Súmula Vinculante n. 10 o julgado proferido por órgão fracionário que, sem declarar a inconstitucionalidade de lei ou afastar sua incidência com base em argumento constitucional, limita-se a interpretá-la de acordo com o caso concreto. Nesse sentido, citem-se os seguintes julgados: ARE 766.406-AgR, Rel. Min. DIAS TOFFOLI, Primeira Turma, DJe de 4/4/2014; AI 776.721 — AgR, Rel. Min. ROSA WEBER, Primeira Turma, DJe de 10/12/2014; RE 664.959-AgR, Rel. Min. ROBERTO BARROSO, Primeira Turma, DJe de 17/12/2014; RE 814.575-AgR, Rel. Min. MARCO AURÉLIO, Primeira Turma, DJe de 7/11/2014; ARE 826.489-AgR, Rel. Min. GILMAR MENDES, Segunda Turma, DJe de 13/10/2014; ARE 818.694-AgR, Rel. Min. CÁRMEN LÚCIA, Segunda Turma, DJe de 8/9/2014; RE 697.710-AgR, Rel. Min. RICARDO LEWANDOWSKI, Segunda Turma, DJe de 15/8/2014.

3. Por outro lado, o Tribunal de origem decidiu a controvérsia acerca da forma de cálculo da verba denominada Complemento de RMNR tão somente a partir de interpretação e aplicação dos acordos coletivos firmados entre a Petrobras e seus empregados. Esse fato foi observado pelo próprio acórdão recorrido.

Confira-se:

A questão controvertida nestes autos, portanto, é de interpretação da cláusula coletiva num ou noutro sentido, e não de negativa de sua vigência ou validade, pois, efetivamente, no § 3º da citada cláusula 35ª, não há previsão expressa de que, na apuração do Complemento da RMNR, sejam mesmo deduzidos os valores correspondentes à percepção de salários condição ou sobressalários, tais como, o adicional de periculosidade, o adicional noturno, o adicional de horas de repouso e alimentação, o adicional de sobreaviso e o adicional de confinamento, pelo que não há, a rigor, ofensa direta ao artigo 7º, inciso XXVI, da Constituição Federal, que apenas consagra o reconhecimento das convenções e dos acordos coletivos de trabalho. (fl. 18, peça 37)

Aplica-se, por analogia, o óbice da Súmula n. 454/STF: simples interpretação de cláusulas contratuais não dá lugar a recurso extraordinário. Dessa forma, conforme bem observado pelo Tribunal de origem, eventual ofensa à Constituição Federal seria meramente indireta ou reflexa. No mesmo sentido são os seguintes julgados:

ARE 691.948-AgR, Rel. Min. ROBERTO BARROSO, Primeira Turma, DJe de 19/11/2014; ARE 777.775-AgR, Rel. Min. RICARDO LEWANDOWSKI, Segunda Turma, DJe de 13/2/2014; ARE 646.895-AgR, Rel. Min. TEORI ZAVASCKI, Segunda Turma, DJe de 18/9/2013; ARE 646.860-AgR, Rel. Min. ROSA WEBER, Primeira Turma, DJe de 21/8/2013; ARE 697.561-AgR, Rel. Min. LUIZ FUX, Primeira Turma, DJe de 11/4/2013; AI 824.649-AgR, Rel. Min. CÁRMEN LÚCIA, Primeira Turma, DJe de 24/3/2011.

4. Saliente-se, por fim, que está Corte, por diversas vezes, declarou a ausência de repercussão geral de matérias cujo julgamento demandava a análise e interpretação de cláusulas pactuadas em acordo coletivo. Vejam-se os seguintes precedentes:

PROCESSUAL CIVIL. RECURSO EXTRAORDINÁRIO. NORMA COLETIVA DE TRABALHO. PAGAMENTO DAS HORAS IN ITINERE. FIXAÇÃO DE LIMITE INFERIOR À METADE DO TEMPO EFETIVAMENTE GASTO NO TRAJETO ATÉ O LOCAL DO SERVIÇO. VALIDADE. MATÉRIA INFRACONSTITUCIONAL. AUSÊNCIA DE REPERCUSSÃO GERAL.

1. A controvérsia relativa à validade de norma coletiva de trabalho que limita o pagamento de horas in itinere a menos da metade do tempo efetivamente gasto pelo trabalhador no seu trajeto até o local do serviço, fundada na interpretação da Consolidação das Leis do Trabalho e da Lei n. 10.243/01, é de natureza infraconstitucional.

2. É cabível a atribuição dos efeitos da declaração de ausência de repercussão geral quando não há matéria constitucional a ser apreciada ou quando eventual ofensa à Carta Magna se dê de forma indireta ou reflexa (RE 584.608 RG, Min. ELLEN GRACIE, DJe de 13/3/2009).

3. Ausência de repercussão geral da questão suscitada, nos termos do art. 543-A do CPC. (RE 820.729-RG, Rel. Min. TEORI ZAVASCKI, DJe de 3/10/2014 Tema 762) RECURSO EXTRAORDINÁRIO. DIREITO DO TRABALHO. PARIDADE ENTRE ATIVOS E INATIVOS PREVISTA NO ART. 41 DO REGULAMENTO DO PLANO DE BENEFÍCIOS. POSSIBILIDADE DE NORMA COLETIVA CONCEDER AUMENTO SALARIAL INDIRETO SOMENTE AOS EMPREGADOS EM ATIVIDADE. EXTENSÃO A INATIVOS, A TÍTULO DE COMPLEMENTAÇÃO DE APOSENTADORIA, DE VANTAGENS CONCEDIDAS POR NORMAS PREVISTAS EM ACORDO COLETIVO. AUSÊNCIA DE QUESTÃO CONSTITUCIONAL. AUSÊNCIA DE REPERCUSSÃO GERAL. (RE 659.109-RG, Rel. Min. LUIZ FUX, DJe de 15/5/2013 Tema 591)

Redução do intervalo intrajornada. Majoração da jornada em turnos ininterruptos de revezamento. Convenção e acordo coletivo. Matéria restrita ao âmbito infraconstitucional. Inexistência de repercussão geral. (AI 825.675-RG, Rel. Min. GILMAR MENDES, DJe de 25/3/2011 Tema 357).

EXTENSÃO AOS APOSENTADOS E PENSIONISTAS DA ANTIGA FEPASA DE VANTAGENS SALARIAIS CONCEDIDAS AOS FERROVIÁRIOS EM ATIVIDADE COM BASE EM ACORDO COLETIVO. APLICAÇÃO DOS EFEITOS DA AUSÊNCIA DE REPERCUSSÃO GERAL TENDO EM VISTA TRATAR-SE DE DIVERGÊNCIA SOLUCIONÁVEL PELA APLICAÇÃO DA LEGISLAÇÃO FEDERAL. INEXISTÊNCIA DE REPERCUSSÃO GERAL. (RE 610.223-RG, Rel. Min. ELLEN GRACIE, DJe de 25/6/2010 Tema 273).

5. O Plenário do Supremo Tribunal Federal firmou o entendimento de que é possível a atribuição dos efeitos da declaração de ausência de repercussão geral quando não há matéria constitucional a ser apreciada ou quando eventual ofensa à Constituição Federal ocorra de forma indireta ou reflexa (RE 584.608 RG, Min. ELLEN GRACIE, DJe de 13/3/2009).

6. Diante do exposto, manifesto-me pela inexistência de repercussão geral da questão suscitada."

Não há absoluta identidade entre o caso apresentado pelo saudoso Min. TEORI ZAVASCKI e o presente processo. As diferenças são substanciais e autorizam a revisão da posição da Corte sobre a questão.

Em primeiro lugar, conforme bem salientado pelo Min. TEORI ZAVASCKI, no Tema 795, examinou-se a alegada incorreção no pagamento do "COMPLEMENTO DA RMNR" com base unicamente na interpretação da legislação ordinária e, principalmente, das Cláusulas pertinentes do Acordo Coletivo. Naquela ocasião, as instâncias de origem deliberaram sobre a fórmula de cálculo da referida parcela por meio da interpretação das próprias regras do ajuste.

O esforço hermenêutico centrava-se basicamente em torno das disposições infraconstitucionais que definem o "COMPLEMENTO DA RMNR". Os itens do salário que deveriam ser considerados, ou não, no cálculo do referido Complemento foram definidos com base no § 3º da citada cláusula 35ª, residindo a controvérsia no alcance da parte em que se alude à exclusão de "eventuais outras parcelas pagas".

Em contrapartida, nestes autos, a questão ganhou um enfoque diverso. Para começar, não há propriamente disputa sobre o sentido das diretrizes emanadas da negociação coletiva. Nas instâncias ordinárias — e, num primeiro momento, no próprio TST —, reconheceu-se que a Petrobras vem calculando o COMPLEMENTO DA RMNR segundo o que realmente foi definido pelas entidades representativas de patrões e empregados ao longo de extenuantes e demoradas tratativas.

Ocorre, porém, que, no acórdão que acabou por prevalecer na causa, o TST concedeu interpretação que desnaturou o Acordo

Coletivo, modificando aspectos que foram objeto de discussão e de livre deliberação pelos atores envolvidos.

Essa discussão jurídica — os limites da atuação do Judiciário em face do que foi livremente pactuado pelas partes, no âmbito do Direito do Trabalho — encontra-se explicitamente prequestionada em todas as instâncias, conforme evidenciam os trechos transcritos no relatório. Ressalte-se, novamente, que essa matéria não encontrou o adequado espaço para exame e julgamento no processo piloto do Tema 795.

O distinguishing foi notado na instância de origem, responsável por fazer a subsunção do caso concreto aos temas de repercussão geral. Veja-se o que asseverou o Tribunal Superior do Trabalho no juízo de admissibilidade:

> *"Quando do julgamento do ARE 859.878, o Supremo Tribunal Federal firmou entendimento no sentido de que não cabe recurso extraordinário, por ausência de repercussão geral, em matéria de "validade do cálculo do valor da verba denominada Complemento de Remuneração Mínima por Nível e Regime paga aos empregados da Petrobras, descrita na Cláusula 35ª do Acordo Coletivo de Trabalho de 2007/2009, mediante a subtração, no valor desse complemento, dos adicionais inerentes ao trabalho em condições especiais".*

A hipótese em tela se refere a incidente de recurso repetitivo que examinou a seguinte controvérsia : "levando-se em conta os antecedentes à negociação coletiva que instituiu a RMNR, os teores das normas coletivas que a contêm e a forma de apuração do título, a parcela 'Complementação da RMNR' considera, exclui ou inclui e poderia considerar, excluir ou incluir, para os trabalhadores que os merecem, os adicionais previstos na Constituição e em Lei ou convencionais e contratuais?" — seq. 48, grifei.

Tem-se, portanto, possível distinção entre o precedente aludido e a questão que ora se põe, calcando-se a última, de maneira mais específica, na norma originária das parcelas em discussão como fator que define a sua inclusão ou não na base de cálculo do denominado "complemento de RMNR".

Em segundo lugar — e aqui reside a distinção mais importante —, nestes últimos cinco anos desde o Tema 795, a controvérsia ganhou enorme relevância econômica e social.

Vejam-se as alegações dos quatro recorrentes sobre o impacto desta questão:

> *Petrobras: "Não é razoável se supor que a PETROBRAS celebraria um acordo coletivo de trabalho que representasse um acréscimo que pode alcançar mais de 100% dos salários dos seus empregados. Conforme salientado pelo Ministro Ives Gandra Martins, por ocasião do julgamento do incidente, acaso aplicada a decisão do TST, um empregado de nível médio poderia receber mais de R$ 40.00000 (quarenta mil reais) por mês.*
>
> *Para se ilustrar o impacto da decisão eventualmente aplicada em larga escala, foram analisados, no IRR, contracheques de empregados que já obtiveram decisão favorável em processo individual versando sobre a RMNR.*
>
> *Na hipótese, um empregado de nível médio, engajado no regime de turno, que percebe a significativa remuneração mínima de R$ 25.864,50 (vinte e cinco mil, oitocentos e sessenta e quatro reais e cinquenta centavos) com o acordo coletivo, passou a receber com a aplicação do entendimento sufragado pelo TST uma remuneração mensal de R$ 44.803,01 (quarenta e quatro mil, oitocentos e três reais e um centavo).*
>
> *São dessa ordem os vultosos valores debatidos na grande maioria dos processos em curso. Apenas no cumprimento de sentença de uma demanda com 10 (dez) reclamantes, os cálculos homologados alcançaram o exorbitante valor de R$ 6.347.345,91 (seis milhões, trezentos e quarenta e sete mil, trezentos e quarenta e cinco reais e noventa e um centavos).*
>
> *Ressalte-se, ainda, que o número de empregados afetados poderá chegar a 51.000 (cinquenta e um mil), sendo destes 34.200 (trinta e quatro mil e duzentos) ativos e 16.800 (dezesseis mil e oitocentos inativos), o que revela a magnitude da controvérsia para toda uma categoria profissional.*

Conforme nota explicativa do 3º Trimestre de 2018, o valor total de exposição estimado é de cerca de R$ 22,4 bilhões.”

Petrobras Transporte S.A. — Transpetro: *“Em todo o sistema PETROBRAS, a expectativa de impacto com eventual passivo decorrente da decisão supera os R$ 22 bilhões, enquanto a estimativa de desembolso anual prospectivo está na casa dos R$ 2 bilhões.*

No judiciário, são mais de 7.000 ações individuais envolvendo empregados do Sistema PETROBRAS (holding e subsidiárias), chegando a 47 ações coletivas. O universo de empregados impactados com a decisão é de aproximadamente 50 mil colaboradores (ativos e inativos)”.

Petrobras Distribuidora: *“67. Só na PETROBRAS DISTRIBUIDORA o impacto financeiro imediato chega a R$ 305.831.410,60, sem considerar o vultoso montante a ser pago a posteriori, caso implementada a forma de cálculo da RMNR nos moldes pretendidos pelos sindicatos.*

68. Os reflexos do impacto financeiro desta causa na economia do país são inegáveis, dado o relevante papel desempenhado no mercado em que atua.

69. Não foi por menos que houve a intervenção da União no feito, no papel de sua principal acionista, sendo admitida como assistente simples da PETROBRAS — PETRÓLEO BRASILEIRO.

70. Foi requerida no Supremo Tribunal Federal pela PETROBRAS — PETRÓLEO BRASILEIRO a suspensão nacional de todas as demandas envolvendo o assunto, cuja liminar foi deferida pelo Exmo. Ministro Dias Toffoli, na Petição STF n. 7755, via tutela provisória de urgência em caráter antecedente, na qual o Exmo. Ministro admitiu a atribuição do efeito suspensivo antes mesmo da interposição de recurso extraordinário.

71. Do ponto de vista jurídico, além de o tema ter sido objeto de incidente de recursos repetitivos pelo Tribunal Pleno do TST (art. 987, § 1º, do CPC), como já mencionado, a questão constitu-

cional aqui discutida afetará um sem número de demandas, dentre elas 47 ações coletivas atualmente em trâmite.

72. Existem, ainda, mais de 7.000 ações individuais tramitando hoje na Justiça do Trabalho de empregados da holding. Da Recorrente são 863 sobre essa matéria."

União: "(...) acaso prevaleça a tese esposada pela parte autora, haverá um incremento anual da ordem de R$ 2.000.000.000,00 (dois bilhões de reais) na folha de pagamento da estatal.

Esses dados são indicadores categóricos da repercussão geral da causa em discussão, notadamente sob o prisma econômico.

Sob essa perspectiva, também é pertinente mencionar que os efeitos financeiros da presente causa em muito desbordam dos interesses subjetivos das partes no presente processo.

De fato, como é notório, a PETROBRAS negocia valores mobiliários na Bolsa, constituindo suas ações verdadeiras blue ships, que representam um conhecido selo atribuído a títulos de empresas dotadas de solidez reconhecida pelo mercado.

Estamos tratando de mais de 600.000 (seiscentos mil) acionistas, conforme se extrai do sítio da PETROBRAS na internet.

Pois bem.

A fim de retratar o impacto do presente processo no mercado financeiro não somente do país, como também do mundo, verifica-se que, em 21.06.2018, na data do julgamento dessa causa pelo Pleno do TST, a BOVESPA encerrou o dia em baixa de nada menos que — 2,84%, conforme se verifica no Portal UOL, caderno de Economia, em "Cotações".

Eis, portanto, mais um indicativo da enorme ressonância econômica que a causa em discussão produz.

Por outro lado, a questão debatida nos presentes autos também assume relevância jurídica, na medida em que trata de discussão acerca da força normativa negociação coletiva de trabalho (art. 7º, XXVI, da CR), ao lume do princípio da segurança jurídica extraído a partir do inciso XXXVI, do art. 5º, da CR, bem como da boa-fé objetiva na aplicação das normas coletivas de trabalho.

É cediço que a negociação coletiva recebeu status de direito fundamental na Constituição de 1988, e se traduz em instrumento bastante utilizado pelas entidades de representação, com o intuito de obter benefícios para os trabalhadores representados, a partir de outras contrapartidas oferecidas ao empregador, traduzindo o sinalagma presente em tais institutos, fruto que são de concessões recíprocas.

De modo muito sintético, é possível reduzir o complexo debate entabulado nos autos no seguinte questionamento: é possível que um sindicato obreiro ingresse em juízo para modificar o teor de norma coletiva por ele próprio criada, juntamente com a empresa? Os pactos devem ser cumpridos (pacta sunt servanda)?

Evidentemente, o debate se insere no âmbito da segurança jurídica que deve assumir as normas coletivas de trabalho, verdadeiras fontes autônomas do Direito do Trabalho, criadas pelos próprios autores envolvidos na relação de emprego, com respaldo constitucional.

Uma vez comprometida a normatividade dos acordos coletivos de trabalho, a consequência seria a desestabilização de todo o Direito Coletivo do Trabalho, que se constrói precipuamente a partir do referido instituto.

Em suma: faleceria qualquer segurança jurídica para a celebração da norma coletiva, ferindo de morte direito fundamental assegurado no plano constitucional e em conhecidas Convenções da Organização Internacional do Trabalho (OIT), em particular a n. 98/1947 e a n. 154/1981.

Nesse ponto da análise, é oportuno fazer menção à decisão emitida pelo Excelentíssimo Ministro Dias Toffoli, em sede de tutela cautelar, suspendendo os efeitos do julgado do Pleno do TST no caso ora discutido. O d. Ministro consignou que a questão tinha status constitucional e significativo impacto econômico. (...)"

A grande repercussão social e econômica, igualmente, foi ressaltada pela mídia:

Jornal Folha de S. Paulo, 2/3/2019: "Petrobras já estima perdas de R$ 24,2 bi com ação trabalhista

Após derrota no TST em 2018, por plano de carreira, estatal eleva provisão em R$ 10 bilhões.

O maior esqueleto trabalhista da Petrobras, fruto de negociação polêmica com sindicatos durante as gestões petistas, já soma R$ 24,2 bilhões.

Após uma série de derrotas na Justiça em 2018, a estatal elevou a estimativa de perdas em R$ 10 bilhões em apenas um ano.

A questão envolve acordo coletivo de trabalho assinado em 2007, que estabeleceu um piso salarial por região, chamado RMNR (remuneração mínima por regime e nível), equiparando salários da área administrativa aos valores pagos a empregados lotados em áreas de risco."

Jornal O Globo, 21/6/2018:

"Petrobras perde processo trabalhista bilionário. Impacto estimado deve chegar a R$ 17,2 bi:

BRASÍLIA E RIO — O plenário do Tribunal Superior do Trabalho (TST) decidiu nesta quinta-feira a favor dos funcionários da Petrobras em um processo que discute o cálculo das remunerações e adicionais dos empregados da estatal. O impacto estimado é de pelo menos R$ 17,2 bilhões para a empresa. Desse total, R$ 15,2 bilhões são para corrigir os salários retroativamente. Além disso, a folha de pagamento aumentará em R$ 2 bilhões por ano. Ou seja, num primeiro momento, o impacto total será de R$ 17,2 bilhões e, nos próximos anos, de mais R$ 2 bilhões por ano. Ainda cabe recurso para o próprio TST e para o Supremo Tribunal Federal (STF). A empresa disse que vai recorrer e que não fará qualquer desembolso no momento, por ainda ver chance de ganhar. "

Revista Exame, 19/6/2018 (grifos nossos): "Petrobras pode perder R$ 15 bi com ação trabalhista

Brasília — A maior ação trabalhista da história da Petrobras será julgada na quinta-feira, 21, no plenário Tribunal Superior do Trabalho (TST). Se a empresa perder, terá de desembolsar mais de R$ 15 bilhões e a folha de pagamento ainda aumentará em até R$ 2 bilhões por ano.

Aberto pelos trabalhadores, o processo pede recálculo de um acordo coletivo de 2007 que concedeu adicionais ao salário, como trabalho noturno, por sobreaviso e confinamento. Os extras têm sido pagos, mas milhares de empregados querem outra conta que, grosso modo, dobra os adicionais. A estatal classifica como "possível" perder a ação.

A disputa entre Petrobras e os trabalhadores tem origem em um acordo coletivo firmado há mais de dez anos. Em 2007, a estatal e os empregados chegaram a um entendimento para reajuste salarial que previa, entre outros benefícios, a adoção de uma política para equalizar salários com uma remuneração mínima por cargo e região — é a chamada remuneração mínima por nível e regime (RMNR).

Com a nova regra, em alguns casos o salário mais que dobrou em relação à remuneração básica. Um exemplo são os petroleiros que atuam em plataformas no regime de 12 horas. O grupo passou a ganhar 30% mais por periculosidade, 26% extras por adicional noturno, 39% por hora de repouso, 30% por confinamento e 4% de um complemento negociado. Assim, o salário passou a ser 125% maior que o salário básico dos petroleiros."

Tal cenário ainda não se encontrava configurado no início de 2015, de modo que não pôde ser apreciado pela Corte ao apreciar o Tema 795.

Do ponto de vista econômico, veja-se que apenas a parte autora neste caso concreto entende ter recebido um terço do valor efetivamente devido. Em um só mês, há cerca de dez anos, foram R$ 2.000,00 pagos a menor. Consideradas as milhares de ações em curso, mostram-se verossímeis as projeções de passivo da companhia, em caso de insucesso nesta controvérsia.

Na presente hipótese, portanto, patente a repercussão geral — a qual se considera, inclusive, juridicamente presumida.

O acórdão ora recorrido formou-se no julgamento de Incidente de Recursos Repetitivos, moderno expediente processual, disposto da seguinte maneira no Novo Código de Processo Civil:

> *"Art. 987. Do julgamento do mérito do incidente caberá recurso extraordinário ou especial, conforme o caso.*
>
> *§ 1º O recurso tem efeito suspensivo, presumindo-se a repercussão geral de questão constitucional eventualmente discutida.*
>
> *§ 2º Apreciado o mérito do recurso, a tese jurídica adotada pelo Supremo Tribunal Federal ou pelo Superior Tribunal de Justiça será aplicada no território nacional a todos os processos individuais ou coletivos que versem sobre idêntica questão de direito."*

Há, ainda, potencial violação a entendimento do SUPREMO em Súmula Vinculante, o que atrai a aplicação da seguinte norma do CPC/2015:

> *"Art. 1.035.*
>
> *§ 3º Haverá repercussão geral sempre que o recurso impugnar acórdão que:*
>
> *I — contrarie súmula ou jurisprudência dominante do Supremo Tribunal Federal;"*

Portanto, estão preenchidos todos os requisitos legais e constitucionais para a admissibilidade dos Recursos Extraordinários.

III — A JURISPRUDÊNCIA DO SUPREMO TRIBUNAL FEDERAL SOBRE A TUTELA CONSTITUCIONAL DO DIREITO COLETIVO DOS TRABALHADORES

A cláusula questionada, em que se estabeleceu a base de cálculo para a apuração do complemento da RMNR, foi pactuada no Acordo Coletivo de Trabalho firmado entre as empresas recorrentes e os sindicatos dos trabalhadores.

Esta SUPREMA CORTE já teve a oportunidade de assentar que a Constituição de 1988 reconheceu as convenções e os acordos coletivos como instrumentos legítimos de prevenção e de autocomposição de conflitos trabalhistas.

Vejamos como tem evoluído a jurisprudência do SUPREMO TRIBUNAL FEDERAL nesse tema.

Quando do julgamento do RE 590.415, de relatoria do Eminente Min. ROBERTO BARROSO, DJe de 29/5/2015, esta SUPREMA CORTE reconheceu a repercussão geral da discussão relacionada à renúncia genérica a direitos, mediante adesão a plano de demissão voluntária. Nesse precedente, fixou-se a tese de que:

> *"Tema 152: A transação extrajudicial que importa rescisão do contrato de trabalho em razão de adesão voluntária do empregado a plano de dispensa incentivada enseja quitação ampla e irrestrita de todas as parcelas objeto do contrato de emprego caso essa condição tenha constado expressamente do acordo coletivo que aprovou o plano, bem como dos demais instrumentos celebrados com o empregado."*

Embora o objeto da causa fosse diverso do presente processo, analisando-se os votos do citado precedente nota-se que a razão de decidir fundou-se na constitucionalidade da autonomia coletiva da vontade, à luz do artigo 7º, XXVI, da CF/1988. Conforme bem pontuado pelo Min. ROBERTO BARROSO, diferentemente do que ocorre nas relações individuais de trabalho, os acordos coletivos têm o condão de colocar os empregados, representados pelos sindicatos da categoria, e os empregadores, em patamar de igualdade (Princípio da Equivalência entre os Negociantes). Tem-se, portanto, isonomia de poderes, como foi destacado pelo Ilustre Relator:

> *"Assim, se a rigorosa limitação da autonomia da vontade é a tônica no direito individual do trabalho e na legislação infraconstitucional anterior à Constituição de 1988, o mesmo não ocorre no que respeita ao direito coletivo do trabalho ou às normas constitucionais atualmente em vigor.*

[...]

Diferentemente do que ocorre com o direito individual do trabalho, o direito coletivo do trabalho, que emerge com nova força após a Constituição de 1988, tem nas relações grupais a sua categoria básica. O empregador, ente coletivo provido de poder econômico, contrapõe-se à categoria dos empregados, ente também coletivo, representado pelo respectivo sindicato e munido de considerável poder de barganha, assegurado, exemplificativamente, pelas prerrogativas de atuação sindical, pelo direito de mobilização, pelo poder social de pressão e de greve. No âmbito do direito coletivo, não se verifica, portanto, a mesma assimetria de poder presente nas relações individuais de trabalho. Por consequência, a autonomia coletiva da vontade não se encontra sujeita aos mesmos limites que a autonomia individual.

21. Ao contrário, o direito coletivo do trabalho, em virtude de suas particularidades, é regido por princípios próprios, entre os quais se destaca o princípio da equivalência dos contratantes coletivos, que impõe o tratamento semelhante a ambos os sujeitos coletivos empregador e categoria de empregados."

O Relator prosseguiu no sentido de que a invalidação automática de acordos viola dispositivos constitucionais que garantiram aos trabalhadores o tratamento igualitário perante o empregador:

"Nessa linha, não deve ser vista com bons olhos a sistemática invalidação dos acordos coletivos de trabalho com base em uma lógica de limitação da autonomia da vontade exclusivamente aplicável às relações individuais de trabalho. Tal ingerência viola os diversos dispositivos constitucionais que prestigiam as negociações coletivas como instrumento de solução de conflitos coletivos, além de recusar aos empregados a possibilidade de participarem da formulação de normas que regulam as suas próprias vidas. Trata-se de

postura que, de certa forma, compromete o direito de serem tratados como cidadãos livres e iguais."

Na sequência, no julgamento do RE 895.759 AgR-segundo/PE, de relatoria do saudoso Min. TEORI ZAVASCKI, DJe de 23/5/2017, a Segunda Turma desta CORTE, reportando-se ao RE 590.415, entendeu que as horas in itinere podem ser objeto de transação mediante acordo coletivo. In casu, concluiu o Relator que não há óbice ao reconhecimento da validade do acordo coletivo, haja vista que a própria Constituição Federal admite a limitação de direitos trabalhistas por meio de normas coletivas — mormente quando a restrição, pautada no critério de razoabilidade, confere outras vantagens ao trabalhador; nos seguintes termos:

> *"O acórdão recorrido não se encontra em conformidade com a ratio adotada no julgamento do RE 590.415, no qual está Corte conferiu especial relevância ao princípio da autonomia da vontade no âmbito do direito coletivo do trabalho. Ainda que o acordo coletivo de trabalho tenha afastado direito assegurado aos trabalhadores pela CLT, concedeu-lhe outras vantagens com vistas a compensar essa supressão. Ademais, a validade da votação da Assembleia Geral que deliberou pela celebração do acordo coletivo de trabalho não foi rechaçada nesta demanda, razão pela qual se deve presumir legítima a manifestação de vontade proferida pela entidade sindical.*
>
> *Registre-se que a própria Constituição Federal admite que as normas coletivas de trabalho disponham sobre salário (art. 7º, VI) e jornada de trabalho (art. 7º, XIII e XIV), inclusive reduzindo temporariamente remuneração e fixando jornada diversa da constitucionalmente estabelecida. Não se constata, por outro lado, que o acordo coletivo em questão tenha extrapolado os limites da razoabilidade, uma vez que, embora tenha limitado direito legalmente previsto, concedeu outras vantagens em seu lugar, por meio de manifestação de vontade válida da entidade sindical."*

Ressalte-se, ainda, que a jurisprudência do SUPREMO TRIBUNAL FEDERAL tem destacado a importância dos acordos coletivos na Justiça do Trabalho, bem como da autocomposição dos conflitos trabalhistas.

Nesse sentido, o PLENÁRIO do SUPREMO TRIBUNAL FEDERAL acompanhou o voto do Relator, Min. GILMAR MENDES, na ADI 3423, DJe de 18/6/2020, na qual Sua Excelência salientou a necessidade de a Justiça Trabalhista ter uma postura de contenção frente à negociação coletiva, considerando, entre outras razões, que:

> *"De fato, um dos objetivos da Reforma do Poder Judiciário (EC n. 45) foi, efetivamente, diminuir o poder normativo da Justiça do Trabalho, e privilegiar a autocomposição; e "a OIT entende que a melhor forma de composição na resolução de conflitos coletivos deve privilegiar a normatização autônoma, evitando a imposição do poder estatal".*

IV — O RESPEITO AOS ACORDOS COLETIVOS DE TRABALHO

A disposição contida no art. 7º, do inciso XXVI, da Constituição de 1988 (reconhecimento das convenções e acordos coletivos de trabalho) revela a superação da concepção paternalista que vigorava no regime anterior, no qual o trabalhador não tinha meios para se posicionar de forma igualitária ao empregador, haja vista sua posição de inferioridade. Com a criação dos sindicatos das categorias profissionais, reduziu-se a disparidade que separava o trabalhador, como indivíduo, do empresário, possibilitando às partes envolvidas no conflito trabalhista dispor de tratamento jurídico mais equilibrado.

Nesse sentido, o ilustre professor e Desembargador do Trabalho, SERGIO PINTO MARTINS, ensina que:

> *"[...] o sindicato não exerce mais função delegada de poder público, não estando ligado umbilicalmente ao Estado. Na verdade, hoje, o sindicato é uma entidade de direito privado, exercendo com autonomia seu mister. Essa realmente é a grande inovação da Constituição de 1988, que não repetiu as anteriores no ponto em que dizia que o sindicato exercia função delegada de poder público.*
>
> *[...]*

A negociação coletiva também foi elevada em âmbito constitucional. Em primeiro lugar, vemos que o inciso XXVI do art. 7ª da Norma Ápice reconhece as convenções e os acordos coletivos, prestigiando a autonomia da vontade das partes envolvidas nas negociações. Em segundo lugar, há pelo menos três dispositivos que tratam da negociação coletiva no art. 7º da Lei Fundamental: o inciso VI reza sobre a possibilidade da redução de salários, mediante negociação coletiva; o inciso XIII versa sobre a redução ou compensação da jornada de trabalho, por meio de negociação coletiva; e o inciso XIV permite o aumento da jornada nos turnos ininterruptos de revezamento.

Tudo isso revela que o sindicato deve participar ativamente dessa negociação. O inciso VI do art. 8º da Lei Ápice mostra que o sindicato deverá participar obrigatoriamente nas negociações coletivas. O inciso III do mesmo artigo evidencia que o sindicato representa a categoria, judicial ou extrajudicialmente, quanto a direitos individuais e coletivos. Como vemos, está prestigiada a participação do sindicato nas negociações coletivas, matéria atualmente realçada na Lei Maior." (SÉRGIO PINTO MARTINS. Direito do Trabalho. 10. Ed. São Paulo: Editora Atlas, 2000, Versão Digital)"

Desse modo, no âmbito das negociações coletivas, os sujeitos interessados poderão ceder parcela dos seus direitos disponíveis (MAURICIO GODINHO DELGADO. Curso de direito do trabalho. 17. ed. São Paulo: LTr, 2018, p. 1567).

Nada obstante, no caso concreto, o TST, afastando o acordo coletivo, decidiu dar interpretação conforme à Constituição ao parágrafo 3º da Cláusula 35ª do Acordo Coletivo, para excluir da fórmula de cálculo do "COMPLEMENTO DA RMNR" os adicionais de origem constitucional e legal, destinados a remunerar o trabalho em condições especiais ou prejudiciais, por considerar que a inclusão dessas parcelas viola os princípios da isonomia, da razoabilidade, da proporcionalidade, da realidade.

Apenas para rememorar, transcreve-se aqui o teor da aludida norma:

> *"Parágrafo 3º — Será paga sob o título de "Complemento da RMNR" a diferença resultante entre a "Remuneração Mínima por Nível e Regime" de que trata o caput e: o Salário Básico (SB), a Vantagem Pessoal — Acordo Coletivo de Trabalho (VPACT) e a Vantagem Pessoal — Subsidiária (VP-SUB), sem prejuízo de eventuais outras parcelas pagas, podendo resultar em valor superior a RMNR."*

Entendeu a Corte Superior Trabalhista que não há como conceber que os trabalhadores tenham compreendido, e anuído, que a expressão "sem prejuízo de eventuais outras parcelas pagas" significava que as parcelas relativas aos adicionais seriam computadas na base de cálculo para apuração do complemento da RMNR, pois nas "cartas remetidas aos entes sindicais e informativos internos, destinados aos empregados" [...], não "está demonstrado, matematicamente, que o fato de a RMNR considerar ou levar em consideração as parcelas, vantagens ou adicionais neles mencionados significaria que os trabalhadores teriam os valores a eles correspondentes inseridos na operação destinada à apuração do valor correspondente ao complemento da RMNR."

Entretanto, colhe-se da fundamentação da sentença que a RMNR "teve o seu estabelecimento no âmbito das relações de emprego mantidas pela empresa reclamada com seus empregados mediante o amplo e longo processo de negociação," e que, inclusive, "o estabelecimento das estipulações a esse respeito tem como motivação invocada no corpo dos instrumentos de acordos coletivos paciente e moderadamente negociados, o mais relevante princípio consagrado em todas as Constituições cidadãs e progressistas de nosso tempo, qual seja, o princípio da isonomia com sede no vigente estatuto político, consagrado no caput do art. 5º da carta cidadã."

Aliás, essa assertiva encontrou eco no Tribunal Regional da 21ª Região, o qual, ao analisar o apelo do recorrido, observou que, "no histórico das negociações relativas à implementação da RMNR, há referência acerca das parcelas que compõe a RMNR, como no documento RH/AMB/RTS — 50.093/07, destinado à Federação Única dos Petroleiros — FUP, onde está consignado no item 4.1 que 'a remuneração mínima inclui salário básico, periculosidade, VP/ACT, VP/SUB e Adicionais de Regime/Condições de Trabalho.' (fls. 283), por onde se comprova a intenção das partes ao celebrar o contrato coletivo."

De fato, consta dos autos documento enviado em 5/7/2007 pela Petrobras à Federação Única dos Petroleiros, do qual se destaca o seguinte tópico:

> *"4) Remuneração Mínima Regional*
>
> *A companhia se compromete a implantar a remuneração mínima regional por nível salarial e regime/condições-de trabalho, conforme tabelas anexas,*
>
> *4,1) A remuneração mínima inclui salário básico, periculosidade, —VP-ACT, VP-SUB e Adicionais de Regime/ Condições de Trabalho.*
>
> *4.2) A vigência da Remuneração Mínima Regional será a partir de 01/07/2007," (VOL 8, fls. 31-33)*

Ora, os instrumentos colocados à disposição dos sindicatos, como sujeito coletivo dos trabalhadores, dentre os quais garantias de emprego, prerrogativas de atuação sindical, possibilidades de mobilização e pressão sobre a sociedade civil e Estado, greve, etc., tiveram a função de alçar a entidade sindical a patamar de igualdade com o empregador e de municiá-los de mecanismos eficientes para a livre negociação com as entidades patronais.

Pelo contexto fático delineado nos autos, constata-se que houve franca negociação com os sindicatos. Não só eles, como também os próprios trabalhadores, foram esclarecidos a respeito das parcelas que compõem a remuneração mínima, RMNR (salário básico, periculosidade, VP/ACT, VP/SUB e Adicionais de Regime/ Condições de Trabalho).

Assim, no curso das negociações, pairando eventuais dúvidas acerca do alcance ou sentido na norma negociada, caberia ao ente coletivo, no momento próprio, esclarecê-las, pois, o princípio da lealdade na negociação coletiva pressupõe que:

"os acordos devem ser negociados e cumpridos com boa-fé e transparência. Não se pode invocar o princípio tutelar, próprio do direito individual, para negar validade a certo dispositivo ou diploma objeto de negociação coletiva, uma vez que as partes são equivalentes, ao contrário do que ocorre no ramo individual. Quando os acordos resultantes de negociações coletivas são descumpridos ou anulados, as relações por eles reguladas são desestabilizadas e a confiança no mecanismo da negociação coletiva é sacrificada (RE 590.415, Rel. Min. ROBERTO BARROSO, DJe de 29/5/2015).

Supor que a cláusula não foi devidamente compreendida pelos trabalhadores, por faltar-lhe a demonstração matemática das suas consequências é, no mínimo, menosprezar a capacidade do sindicato de cumprir o papel de representar a categoria e negociar os melhores termos do acordo, como lhe autoriza e garante o art. 8º, III e VIII, CF. Tal entendimento desprestigia o modelo justrabalhista proposto pela Constituição de 1988, que reconhece os mecanismos de negociação coletiva como instrumento de solução de conflitos.

Como assinalaram o juízo de primeiro grau e o TRT21, não me parece que tenha havido desconhecimento quanto às implicações do que foi negociado. Farta documentação juntada aos autos (Vol. 8, fls. 29-30; Vol. 8, fl. 37; Vol. 8, fl. 39; VOL. 8, FL. 39; VOL. 247, fls. 18-20) evidencia que houve comunicação clara entre (i) a Petrobras (e suas subsidiárias) e a Federação Única dos Petroleiros, (ii) os sindicatos dos trabalhadores e sua base e (iii) a Petrobras e seus empregados, a respeito dos termos do acordo.

Exemplificativamente, veja-se o seguinte trecho de Informativo de julho de 2007 da Petrobras, endereçado a seus trabalhadores (Vol. 247, fls. 26-27):

"REMUNERAÇÃO MÍNIMA POR NÍVEL E REGIME (RMNR)

A Petrobras está propondo a criação de um novo conceito de remuneração na Petrobras chamado RMNR, que considera o regime de trabalho do empregado e a região do país onde ele trabalha. A RMNR terá valor específico pata cada nível salarial e englobará Salário Básico, Vantagem Pessoal (VP), Adicional de Periculosidade e adicionais referentes aos regimes e condições de trabalho.

A criação da RMNR equipara os empregados que ingressaram na companhia antes de 1997 e os admitidos após essa data que não recebem VP ou Periculosidade.

Na prática, representará um ganho de 2% a 4% para quem já recebe VP ou Periculosidade e de 32% a 34% para quem não recebe nenhuma dessas duas rubricas".

Observe-se, ainda, a edição 510 do Jornal "Nascente", do Sindipetro (VOL. 247, fls. 34-36/Vol. 248), na qual se fornecem cenários detalhados sobre o cálculo da remuneração, caso aprovado o Acordo. Nos três "exemplos na remuneração" apresentados à categoria, os adicionais são considerados no cálculo da diferença salarial a ser concedida.

O acordo coletivo foi validamente firmado, e a RMNR representou conquista da categoria trabalhadora, decorrente das negociações com os sindicatos, na medida em que estabeleceu um piso salarial, o que proporciona um complemento remuneratório àqueles que estiverem aquém desse limite mínimo.

É inerente aos acordos e convenções coletivas as concessões recíprocas dos envolvidos; logo, a anulação de uma cláusula que alberga direito disponível do trabalhador torna o contrato obsoleto e *anti-isonômico, prevendo regras que beneficiam apenas os representados pelo sindicato da categoria profissional. Interpretar em sentido contrário seria estabelecer verdadeiros "recortes aleatórios" nos acordos coletivos, em desrespeito à previsão constitucional, como bem acentuado pelo Ilustre Min. GILMAR MENDES, no julgamento do ARE 1.121.633-RG, ao relembrar a aplicabilidade da "teoria do conglobamento":*

"No referido precedente (RE 590.415), leading case desta Corte no que se refere ao reconhecimento dos parâmetros constitucionais da negociação coletiva, o Min. Teori Zavascki entreviu expressamente a aplicabilidade da teoria do conglobamento na apreciação de normas coletivas, se-

gundo a qual o acordo e convenção coletivos são fruto de concessões mútuas, cuja anulação não pode ser apenas parcial em desfavor de um dos acordantes"

Não me parece haver dúvidas, portanto, que, somente em caso de flagrante inconstitucionalidade, caberia a intervenção judicial para alterar o que foi livremente negociado pelas partes.

V — INEXISTÊNCIA DE OFENSA AOS PRINCÍPIOS DA ISONOMIA, DA PROPORCIONALIDADE E DA RAZOABILIDADE

O TST considerou que a disposição convencional atentava contra o princípio da isonomia (igualdade material), por igualar sujeitos desiguais. Aduziu-se que:

> *"Assim sendo, subsiste a indagação: se a isonomia era o propósito patronal, estar-se-ia atendendo ao princípio quando a empresa dá igual tratamento tanto a quem se expõe a condições gravosas de trabalho como àqueles que desfrutam dos confortos do escritório? Não se estaria, definitivamente, igualando os desiguais? Respeitar-se-ia a Constituição Federal e as garantias impostas pelos seus arts. 5º e 7º? A resposta se afirma negativa. Em verdade, sonegar vantagens àqueles que a merecem, por submetidos a condições especiais de trabalho, não pode ser, em boa razão jurídica e sob o mínimo de bom senso, fardo que se equipare ao privilégio de estender, por exemplo, o adicional de periculosidade a quem não está exposto a riscos.*
>
> *Os que trabalham em situações mais gravosas, embora recebam, virtualmente, seus adicionais, não são, na prática, diferenciados dos que não têm direito às parcelas. As remunerações de ambos os grupos foram niveladas pela RMNR, igualando onde deveria desigualar."*

Com todo respeito aos argumentos do Tribunal Superior do Trabalho, na minha visão inexiste a alegada contrariedade ao princípio da isonomia, ou vulneração à igualdade material.

Consoante já reiteradamente mencionado, a RMNR consiste no estabelecimento de um valor mínimo, por nível e região, de forma a equalizar os valores a serem percebidos pelos empregados, visando ao aperfeiçoamento da isonomia prevista na Constituição Federal (§ 1º da cláusula 35 do Termo de Aceitação do Plano de Classificação e Avaliação de Cargos — PCAC e Remuneração Mínima por Nível e Regime — RMNR de 2007 — aditivo ao Acordo Coletivo de Trabalho de 2005; e cláusula 36 do ACT de 2009).

Nota-se, ainda, que o ajuste foi celebrado no âmbito do Plano de Cargos, Carreiras e Salários das empresas, denominado PCAC. É notório que os planos de cargos, carreiras e salários visam a assegurar tratamento isonômico a todos os que exercem os mesmos cargos e funções.

A RMNR leva em conta o nível da carreira, a região e o regime de trabalho de cada empregado. Para maior clareza, vejamos como foi regulamentado o complemento da RMNR (parágrafo 3º da Cláusula 35 do Acordo Coletivo de 2007, reproduzido no parágrafo 3º da Cláusula 36 do Acordo Coletivo de 2009):

> *"CLÁUSULA 36 — Remuneração Mínima por Nível e Regime — RMNR.*
>
> *A Companhia praticará para todos os empregados a Remuneração Mínima por Nível e Regime RMNR, levando em conta o conceito de remuneração regional, a partir do agrupamento de cidades onde a Petrobras atua, considerando, ainda, o conceito de microrregião geográfica utilizado pelo Instituto Brasileiro de Geografia e Estatística IBGE.*
>
> *Parágrafo 1º — A RMNR consiste no estabelecimento de um valor mínimo, por nível e região, de forma equalizar os valores a serem percebidos pelos empregados, visando o aperfeiçoamento da isonomia prevista na Constituição Federal.*
>
> *Parágrafo 2º — Os valores relativos à já mencionada RMNR estão definidos em tabelas da Companhia e serão reajustados em 7,81% (sete vírgula oitenta e um por cento) a partir de 01/09/2009 e que vigorará até 31/08/2010.*
>
> *Parágrafo 3º — Será paga sob o título de Complemento da RMNR a diferença resultante entre a Remuneração*

Mínima por Nível e Regime de que trata o "caput" e o Salário Básico (SB), a Vantagem Pessoal Acordo Coletivo de Trabalho (VP-ACT) e a Vantagem Pessoal Subsidiária (VP-SUB), sem prejuízo de eventuais outras parcelas pagas, podendo resultar em valor superior à RMNR.

Parágrafo 4º — O mesmo procedimento, definido no parágrafo antecedente, aplica-se aos empregados que laboram em regime e/ou condições especiais de trabalho em relação às vantagens devidas em decorrência destes."

De acordo com o parágrafo 3º acima transcrito, o COMPLEMENTO RMNR representa a diferença entre a remuneração mínima adotada e a soma de determinadas rubricas.

Porém, esse valor mínimo, como se denota das tabelas juntadas aos autos (Vol. 4, fls. 100-104; 149-176; Vol. 8, fl. 48) não é fixo e varia de acordo com nível, região de lotação e regime e/ou condição especial de trabalho, tendo a norma objeto do acordo coletivo previsto, expressamente, no parágrafo 4º, que o "o mesmo procedimento, definido no parágrafo antecedente, aplica-se aos empregados que laboram em regime e/ou condições especiais de trabalho em relação às vantagens devidas em decorrência destes."

Essa variação demonstra ter sido conferido tratamento razoavelmente diferenciado aos empregados que trabalham em situações mais gravosas e recebem adicionais constitucionais e legais, em face dos que não têm direito a essas parcelas.

Veja-se que, sendo o valor mínimo estipulado a partir do regime de trabalho, infere-se que a variação contempla a maior remuneração auferida por força das condições especiais de trabalho.

O valor do "Complemento da RMNR" é diferente entre os empregados da empresa, dependendo do que cada um perceba como a Remuneração Mínima por Nível e Função — a qual, por sua vez, considera o nível e o regime de trabalho do empregado.

Os critérios são isonômicos, razoáveis e proporcionais.

A Constituição Federal de 1988 adotou o princípio da igualdade de direitos, prevendo a igualdade de aptidão, uma igualdade de possibilidades virtuais, ou seja, todos os cidadãos têm o direito de tratamento idêntico pela lei, em consonância com os critérios albergados pelo ordenamento jurídico (IVES GANDRA DA SILVA MARTINS. Direito constitucional interpretado. São Paulo: Revista dos Tribunais, 1992. p. 154-172).

Dessa forma — diferentemente do que ocorreu na presente hipótese —, o que se veda são as diferenciações arbitrárias, as discriminações absurdas, pois, o tratamento desigual dos casos desiguais, na medida em que se desigualam, é exigência tradicional do próprio conceito de Justiça, pois o que realmente protege são certas finalidades, somente se tendo por lesado o princípio constitucional quando o elemento discriminador não se encontra a serviço de uma finalidade acolhida pelo direito, sem que se esqueça, porém, como ressalvado por FÁBIO KONDER COMPARATO, que as chamadas liberdades materiais têm por objetivo a igualdade de condições sociais, meta a ser alcançada, não só por meio de leis, mas também pela aplicação de políticas ou programas de ação estatal (Direito Público: estudos e pareceres. São Paulo: Saraiva, 1996. p. 59).

Haveria discriminação se, no caso de empregados que trabalham nas mesmas condições e localidade, fosse estabelecida uma remuneração mínima diferenciada; o que não ocorreu.

As remunerações de ambos os grupos (empregados que recebem adicionais por estarem submetidos a condições especiais de trabalho; e os empregados que não percebem essas verbas) não foram niveladas pela RMNR; em outras palavras, conferiu-se, em verdade, tratamento diferenciado aos trabalhadores a depender do nível e regime de trabalho em que se encontrem enquadrados.

Portanto, não há violação aos princípios da isonomia. Da mesma maneira, patente o respeito ao princípio da razoabilidade, uma vez que foram observadas as necessárias proporcionalidades, justiça e adequação no acordo coletivo realizado; acarretando sua plena constitucionalidade, pois presente a racionalidade, a prudência, a indiscriminação, a causalidade, em suma, a não-arbitrariedade (AUGUSTIN GORDILLO (Princípios gerais do direito público. São Paulo: RT, 1977, p. 183 ss; ROBERTO

DROMI. Derecho administrativo. 6. Ed. Buenos Aires: Ciudad Argentina, 1997, p. 36 ss).

Acrescento, ainda, que não houve supressão ou redução de qualquer direito trabalhista, pois, como admite o próprio TST, a instituição do RMNR não retirou os adicionais daqueles que trabalham em situações mais gravosas; apenas essas parcelas são computadas na base de cálculo da complementação da RMNR, por tratar-se de verbas remuneratórias que têm o intuito de individualizar os trabalhadores submetidos a uma determinada condição, em relação aos que não se submetem à mesma penosidade.

Efetivamente, o complemento da RMNR agrega à remuneração do empregado determinada quantia, quando as parcelas salariais não atingem aquele mínimo assegurado. Além disso, como consignado na sentença, esse "plus" remuneratório "redundou também na majoração de recolhimentos ao fundo privado de complementação de aposentadoria, da Fundação Petrobras de Seguridade Social — a PETROS, ou seja, mais um benefício a favor da grande maioria de empregados da Petrobras".

VI — CONCLUSÃO

Em razão de todo o exposto, e nos termos dos precedentes deste SUPREMO TRIBUNAL FEDERAL, o acórdão recorrido merece reforma, não se vislumbrando qualquer inconstitucionalidade nos termos do acordo coletivo livremente firmado entre as empresas recorrentes e os sindicatos dos petroleiros.

Diante do exposto, com base no art. 21, §§ 1º e 2º, do Regimento Interno do Supremo Tribunal Federal, DOU PROVIMENTO AOS RECURSOS EXTRAORDINÁRIOS, para restabelecer a sentença que julgou improcedente o pedido inicial. Ficam prejudicadas as Petições 26.153/2020, 27.167/2020, 27.329/2020 e 30.892/2020

Publique-se.[2]

[2] Disponível em: https://jurisprudencia.stf.jus.br/pages/search/despacho1222002/false. Acesso em: 29 jul. 2021.

2. NEGOCIAÇÃO COLETIVA. DEMISSÃO EM MASSA

Em decorrência de pedido de vista do Min. Dias Toffoli, está suspenso o julgamento do RE n. 999.435-SP[1], relatado originalmente pelo Min Marco Aurélio, no qual é discutida a necessidade de negociação coletiva antes de demissão em massa.

O noticiário a respeito do tema é o seguinte:

> *Pedido de vista do ministro Dias Toffoli interrompeu, nesta quinta-feira (20), o julgamento do Recurso Extraordinário (RE 999435), com repercussão geral (Tema 638), que discute a necessidade de negociação coletiva antes de demissões em massa. Na sessão de hoje, apenas o ministro Luís Roberto Barroso proferiu voto.*
>
> *Até o momento, três ministros entenderam que não há previsão legal que obrigue a negociação prévia nas hipóteses de demissões coletivas ou em massa, entre eles o relator, ministro*

---

1 RE n. 999.435-SP (Empresa Brasileira de Aeronáutica S.A. — EMBRAER, ELEB Equipamentos Ltda, Sindicato dos Metalúrgicos de São José dos Campos e Região e Outros *vs.* Sindicato dos Trabalhadores nas Indústrias de Construção de Aeronaves, Equipamentos Gerais Aeroespacial, Aeropeças, Montagem e Reparação de Aeronaves e Instrumentos Aeroespacial do Estado de São Paulo — SINDIAEROSPACIAL. Intdos. Sindicato dos Trabalhadores nas Indústrias Metalúrgicas, Siderúrgicas, Mecânicas, Automobilística e de Autopeças, de Material Elétrico e Eletrônico, de Informática de Empresas de Serviços de Reparos, Manutenção e Montagem do Estado da Bahia — STIM — BA; Sindicato dos Trabalhadores nas Indústrias Metalúrgicas, Siderúrgicas, Mecânicas, Automobilísticas e de Autopeças, de Material Elétrico e Eletrônico, de Informática de Empresas de Serviços de Reparos, Manutenção e Montagem de Candeias, São Francisco do Conde, Madre de Deus e Santo Amaro/Bahia — STIM — CANDEIAS E REGIÃO, Confederação Nacional da Indústria-CNI, Confederação Nacional Do Transporte-CNT, Associação Brasileira de Magistrados do Trabalho — ABMT, Assist.: Sindicato dos Trabalhadores nas Indústrias Metalúrgicas, Mecânicas e de Material Elétrico de Belo Horizonte e Contagem, Intdo.: Sindicato dos Trabalhadores em Empresas de Transportes Metroviários do Estado do Rio de Janeiro). Relator : Min. Marco Aurélio.

Marco Aurélio. De outro lado, dois ministros votaram para reconhecer a obrigatoriedade da negociação, em divergência aberta pelo ministro Edson Fachin.

Embraer

O caso diz respeito à dispensa, em 2009, de mais de quatro mil empregados da Empresa Brasileira de Aeronáutica S.A. (Embraer). No recurso, a empresa e a Eleb Equipamentos Ltda. questionam decisão do Tribunal Superior do Trabalho (TST) que estabeleceu, em relação a casos futuros, a necessidade de negociação coletiva visando à rescisão.

Diálogo

Na sessão de hoje, o ministro Luís Roberto Barroso seguiu a divergência aberta pelo ministro Fachin e votou pelo reconhecimento da validade e da constitucionalidade da decisão do TST. Ele destacou que a corte trabalhista introduziu um requisito procedimental e não material: a necessidade de sentar à mesa de negociação, oportunidade para que a empresa, ao demitir em massa, exponha suas razões e ouça o lado dos trabalhadores, por meio do sindicato. Segundo ele, o TST não exigiu acordo ou autorização prévia para demissão, mas apenas que os representantes dos sindicatos sejam ouvidos e tenham o direito de apontar outras saídas.

Na sua avaliação, existe, inequivocamente, uma omissão inconstitucional na proteção da relação de emprego contra a despedida arbitrária e sem justa causa, pois há uma norma constitucional que, até hoje, não foi regulamentada pelo Congresso Nacional. Trata-se do artigo 7º, inciso I, que prevê a aprovação de lei complementar para tratar desses direitos trabalhistas.

Ainda de acordo com o ministro, o Ato das Disposições Constitucionais Transitórias (ADCT) prevê a solução transitória de indenização até que sobrevenha a lei complementar prevista nesse dispositivo, "que, como sabemos, jamais foi promulgada". Barroso ainda citou o artigo 8º, incisos III e VI, da Constituição, que enfatiza a representação dos trabalhadores por meio dos sindicatos e determina a participação dessas entidades nas negociações coletivas de trabalho. Citou, por fim, o inciso XXVI do artigo 7º, que se refere ao reconhecimento das convenções e dos acordos coletivos de trabalho.

Ele destacou, também, que a Constituição brasileira e as convenções internacionais relevantes, notadamente da Organização Internacional do Trabalho (OIT), valorizam a negociação coletiva e que, mesmo em situações extremas, o incentivo ao diálogo é o ideal. "A demissão coletiva é um fato socialmente relevante, pelo impacto não apenas sobre os milhares de trabalhadores afetados, mas sobre toda comunidade onde vivem essas pessoas. Considero, portanto, legítimo e desejável o empenho em minimizar esse impacto", concluiu.[2]

---

[2] Disponível em: http://portal.stf.jus.br/noticias/verNoticiaDetalhe.asp?idConteudo=466227&ori=1. Acesso em: 19 jun. 2021.

3. ULTRATIVIDADE[1]

A ultratividade é uma figura jurídica que tem causado muitos debates judiciosos em nosso país. O tema está em exame no STF, na ADPF n. 323-RJ [2], relatada pelo Min. Gilmar Mendes, estando suspensos todos os processos que tratam da matéria por decisão do mesmo Ministro Relator. Impende observar que o julgamento ainda não foi concluído face pedido de vista do Min. Dias Toffoli[3].

O mais recente noticiário aponta a seguinte:

> *Para o relator, ministro Gilmar Mendes, a chamada ultratividade das normas coletivas é incompatível com o ordenamento jurídico. O julgamento continuará na quarta-feira (4)*
>
> *Na primeira sessão plenária do segundo semestre de 2021, nesta segunda-feira (2), o Supremo Tribunal Federal (STF) retomou o julgamento da Arguição de Descumprimento de Preceito Fundamental (ADPF) 323, que discute a ultratividade de normas coletivas. Nessa situação, após dois anos e sem que sejam reafirmadas em novo acordo coletivo, essas normas têm sua validade expirada, mas são incorporadas aos contratos individuais de trabalho, até que outra venha decidir sobre o direito trabalhista.*
>
> *Ao ocupar, pela primeira vez, a cadeira de decano da Corte, o relator, ministro Gilmar Mendes, votou pela procedência da ação, confirmando medida cautelar concedida por ele em outubro de 2016, quando suspendeu todos os processos e os efeitos de decisões no âmbito da Justiça do Trabalho que discutam a matéria. O presidente do STF, ministro Luiz Fux, informou que a análise da matéria terá continuidade na próxima quarta-feira (4).*

---

[1] V. nesta coletânea v. 20 p. 61.

[2] ADPF n. 393-RJ (Reqte: União Geral dos Trabalhadores do Estado do Rio de Janeiro. Intdos: Prefeito do Município do Rio de Janeiro e Câmara Municipal do Rio de Janeiro). Rel.: Min. Gilmar Mendes.

[3] Cf. http://portal.stf.jus.br/processos/detalhe.asp?incidente=4599102, Acesso em: 13 fev. 2022.

Súmula do TST

A ADPF foi ajuizada pela Confederação Nacional dos Estabelecimentos de Ensino (Confenen) para questionar a Súmula n. 277 do Tribunal Superior do Trabalho (TST), que mantém a validade das cláusulas nos contratos vigentes e nos novos e considera que elas só poderão ser modificadas ou suprimidas mediante negociação coletiva.

Segundo a entidade, o TST tinha entendimento consolidado de que as normas coletivas não se incorporavam ao contrato de trabalho, na medida em que sua aplicação estava vinculada ao prazo de sua vigência. Porém, diante da suposta reintrodução do princípio da ultratividade da norma coletiva no sistema jurídico brasileiro pela Emenda Constitucional n. 45/2004, com a inserção da palavra "anteriormente" no artigo 114, parágrafo 2º, da Constituição, a redação da súmula foi modificada, passando a considerar a incorporação das cláusulas normativas ao contrato de trabalho individual até que novo acordo ou convenção seja firmado.

Para a Confenen, a orientação da Justiça do Trabalho, consolidada na nova versão da Súmula n. 277, tem como base na interpretação arbitrária da Constituição, em usurpação das funções do Poder Legislativo, pois o princípio da ultratividade já foi objeto de legislação específica posteriormente revogada.

Processo legislativo específico

Único a votar na sessão de hoje, o ministro Gilmar Mendes considerou evidente que a nova redação da Súmula n. 277 do TST é incompatível com os princípios da legalidade, da separação dos Poderes e da segurança jurídica. Ele lembrou que questões sobre o tema já foram apreciadas pelo Poder Legislativo em pelo menos três ocasiões — na elaboração e na revogação da Lei n. 8.542/1992 e na Reforma Trabalhista — e deixam claro que este tema precisa ser definido por processo legislativo específico. "Não cabe ao Tribunal Superior do Trabalho agir excepcionalmente e, para chegar a um determinado objetivo, interpretar norma constitucional de forma arbitrária", ressaltou.

Vedação da ultratividade

O relator lembrou que a Lei n. 8.542/1992, amplamente discutida no Congresso Nacional, estabelecia que as cláusulas integram os contratos individuais de trabalho e somente poderão ser reduzidas ou suprimidas por norma coletiva posterior. Na rediscussão da matéria, por meio da Lei n. 10.192/2001, o Poder Legislativo entendeu por bem retirar o princípio da ultratividade da norma coletiva do ordenamento jurídico nacional.

Para o ministro, o TST "ressuscitou princípio que somente deveria voltar a existir por legislação específica", afastando o debate público, os trâmites e as garantias típicas do processo legislativo.

Zigue-zague jurisprudencial

Na avaliação de Gilmar Mendes, a interpretação conferida pelo TST na última redação da Súmula n. 277 também ofende o princípio da segurança jurídica, uma vez que, nos termos da Consolidação das Leis do Trabalho (artigo 613, inciso II CLT), acordos e convenções coletivas devem conter, obrigatoriamente, o seu prazo de vigência, que não poderá ser superior a dois anos. Ele lembrou que, para tornar a limitação ainda mais explícita, a Reforma Trabalhista, além de não permitir a duração superior a dois anos, vedou a ultratividade.

De acordo com o ministro, a ausência de legislação específica sobre o tema fez com que o TST realizasse "verdadeiro 'zigue-zague' jurisprudencial", ora entendendo ser possível a ultratividade, ora a negando, "maculando a boa-fé que deve pautar as negociações coletivas".

Procedência

O relator votou no sentido de declarar a inconstitucionalidade da nova versão da Súmula n. 277 do TST e de interpretações e de decisões judiciais que entendem que o artigo 114, parágrafo 2º, da Constituição Federal, na redação dada pela EC n. 45/2004, autoriza a aplicação do princípio da ultratividade de normas de acordos e convenções coletivas.[4]

---

[4] Disponível em: http://portal.stf.jus.br/noticias/verNoticiaDetalhe.asp?idConteudo=470265&ori=1. Acesso em: 02 nov. 2021.

PARTE III
DIREITO PROCESSUAL

1. ADI. CENTRAL SINDICAL. ILEGITIMIDADE. REJEIÇÃO

Tenho sido insistente no sentido de admitir legitimidade para ação de Central Sindical em nosso país na defesa de direitos e interesses de seus filiados, a partir da regra constante do art. 4º da Convenção n. 98 da OIT, ratificada pelo Brasil[1].

Não é esse, todavia, o entendimento da Suprema Corte brasileira. Assim, a maioria do Pleno do STF rejeitou a ADI n. 5.306-MT[2], relatada originalmente pelo Min. Marco Aurélio, ficando prolator do aresto o Min. Alexandre de Moraes.

O noticiário a respeito consigna:

> *Em sessão virtual, a maioria do Plenário avaliou que a jurisprudência do STF impede que a Central Geral dos Trabalhadores do Brasil ajuíze ação de controle concentrado de constitucionalidade.*
>
> *Por maioria, o Plenário do Supremo Tribunal Federal (STF) não conheceu (rejeitou a tramitação) da Ação Direta de Inconstitucionalidade (ADI) n. 5306, ajuizada pela Central Geral dos Trabalhadores do Brasil (CGTB) contra a Lei Complementar estadual n. 502/2013 de Mato Grosso, que disciplinou o adicional de insalubridade no âmbito do Poder Executivo do estado. A decisão se deu na sessão virtual finalizada em 12/3.*
>
> *Prevaleceu o voto apresentado pelo ministro Alexandre de Moraes, segundo o qual a jurisprudência do Supremo é de que as centrais sindicais não têm legitimidade ativa para ajuizar ação de controle concentrado de constitucionalidade, como a ADI, no STF.*

---

[1] V., por todos, o meu *Curso de Direito do Trabalho.* 6. ed., São Paulo, LTr, 2020, p. 512 *passim.*

[2] ADI n. 5.306-MT, de 15.3.2021. (Reqte.: CGTB — Central Geral dos Trabalhadores do Brasil. Intdo.: Governador do Estado de Mato Grosso). Rel.: Min. Marco Aurélio; Redator do Acórdão: Min. Alexandre de Moraes.

Ele destacou que um dos requisitos definidos pelo Supremo para o ajuizamento dessas ações por confederações sindicais e entidades de classe de âmbito nacional é que elas devem representar uma categoria empresarial ou profissional. No caso, a CGTB, em se tratando de central sindical, congrega integrantes das mais variadas atividades ou categorias trabalhistas ou econômicas.

Ficaram vencidos os ministros Marco Aurélio (relator), Edson Fachin, Ricardo Lewandowski e Luís Roberto Barroso, que conheciam da ação e a julgavam improcedente.[3]

A ementa desse importante julgado é a seguinte:

Ação Direta De Inconstitucionalidade. Lei Complementar n. 502/2013, do Estado do Mato Grosso. Adicional de Insalubridade Para Servidores Públicos no Âmbito do Poder Executivo Estadual. Estabelecimento de Valores Fixos e Proporcionais às Condições e Riscos que Deram Causa à sua Concessão. Vantagem Pessoal Nominalmente Identificada. Central Geral dos Trabalhadores do Brasil — CGTB. Central Sindical. Ilegitimidade Ativa. Pessoa Jurídica que não se qualifica como Confederação Sindical ou Entidade de Classe de Âmbito Nacional, nos Termos do art. 103, IX, da Constituição Federal. Precedentes. Ação Direta não Conhecida.[4]

---

[3] Disponível em: http://portal.stf.jus.br/noticias/verNoticiaDetalhe.asp?idConteudo=462693&ori=1. Acesso em: 22 jun. 2021.

[4] Disponível em: http://portal.stf.jus.br/processos/downloadPeca.asp?id=15345981714&ext=.pdf. Acesso em: 13 fev. 2022.

2. JUSTIÇA GRATUITA. REFORMA TRABALHISTA[1]

O Direito do Trabalho atravessa, desde 2017, uma série de profundas mudanças. Uma delas refere-se à gratuidade de justiça. Esse é o objeto da ADI n. 5.766-DF[2], relatada pelo Min. Luís Roberto Barroso.

O STF retomou o julgamento da ação com a apresentação do voto de vista do Min. Luiz Fux, e o registro noticioso é o seguinte:

> *Ao votar na sessão desta quinta-feira (14), o presidente do STF, ministro Luiz Fux, considerou que a mudança visa evitar a superlotação dos tribunais do trabalho.*
>
> *Com o voto-vista do ministro Luiz Fux, presidente do Supremo Tribunal Federal (STF), foi retomado, nesta quinta-feira (14), o julgamento da Ação Direta de Inconstitucionalidade (ADI) 5766, ajuizada contra pontos da Reforma Trabalhista (Lei n. 13.467/2017) que alteram a gratuidade da justiça a trabalhadores que comprovem insuficiência de recursos. O exame da matéria prosseguirá na próxima quarta-feira (20).*
>
> *A Procuradoria-Geral da República (PGR), autora da ADI, questiona o dispositivo que estabelece a necessidade de pagamento de honorários periciais e advocatícios pela parte derrotada (honorários de sucumbência), mesmo que esta seja beneficiária da justiça gratuita, e o que impõe o pagamento de custas pelo beneficiário que faltar injustificadamente à audiência inicial.*
>
> *Até o momento, dois ministros (Luís Roberto Barroso, relator, e Luiz Fux) entendem que as regras visam restringir a judicialização excessiva das relações de trabalho e são compatíveis com a Constituição Federal. Para o ministro Edson Fachin, as mudanças*

---

1 V., nesta coletânea, sobre gratuidade, v. 10, p. 102, v. 21, p. 88.

2 ADI n. 5.766-DF (Procuradoria Geral da República). Rel.: Min. Luís Roberto Barroso.

são inconstitucionais, porque restringem os direitos fundamentais ao acesso à Justiça e à assistência judicial gratuita.

Superlotação dos tribunais

Único a votar nesta tarde, o ministro Fux considera que as regras são um desestímulo à chamada "litigância frívola", que ocorre quando um postulante faz demandas excessivas, e contribuem para a superlotação dos tribunais trabalhistas. Segundo ele, a gratuidade irrestrita beneficia apenas esse litigante, pois os trabalhadores com demandas legítimas enfrentarão tribunais excessivamente congestionados e mais lentos, em prejuízo da garantia de acesso à Justiça no prazo razoável.

Para o ministro, o objetivo das regras introduzidas pela Reforma Trabalhista não foi criar obstáculos ao acesso à Justiça dos trabalhadores que têm direitos legítimos, mas dos que "insistem em pleitear, de forma irresponsável, a realização de perícias ou ajuizar lides totalmente temerárias, pelo simples fato de nada possuírem e nada terem a perder".

O presidente do STF acompanhou a proposta do relator de dar procedência parcial à ação para estabelecer que a cobrança de honorários sucumbenciais do hipossuficiente poderá incidir integralmente sobre verbas não alimentares, como indenizações por danos morais. A parcela, mesmo quando pertinente a verbas remuneratórias, poderá ser de até 30% do valor que exceder ao teto do Regime Geral de Previdência Social. Também considera legítima a cobrança de custas judiciais se o reclamante faltar à audiência inicial sem justificativa.[3].

---

[3] Disponível em: http://portal.stf.jus.br/noticias/verNoticiaDetalhe.asp?idConteudo=474797&ori=1. Acesso em: 02 nov. 2021.

3. PRESCRIÇÃO. PORTUÁRIO AVULSO

Por maioria de votos, o Pleno do STF fixou entendimento no sentido de que é constitucional a prescrição de cinco anos para ajuizamento de ações trabalhistas de portuários até o limite de dois anos após o cancelamento do registro ou do cadastro no OGMO. Assim, foi julgada improcedente a ADI n. 5.132-DF [1], relatada pelo Min. Gilmar Mendes, mas que tenho voto prevalente do Min Édson Fachin, prolator do acórdão.

A ementa do aresto é a seguinte:

Ação direta de inconstitucionalidade.

2. Preliminar de ilegitimidade ativa afastada. FENOP. Associação de Associações. Precedentes.

3. Impugnação do § 4º do art. 37 da Lei n. 12.815/2013. Novo Marco Regulatório do Setor Portuário. Termo inicial para contagem do prazo prescricional consistente no cancelamento do registro junto ao Órgão Gestor de Mão de Obra (OGMO).

4. Alegação de violação ao princípio da segurança jurídica e ao disposto no art. 7º, inciso XXIX, da CF/88.

5. A Constituição da República, ao consignar, em seu art. 7º, o direito "à ação, quanto aos créditos resultantes das relações de trabalho, com prazo prescricional de cinco anos para os trabalhadores urbanos e rurais, até o limite de dois anos após a extinção do contrato de trabalho (inciso XXIX) e "a igualdade de direitos entre o trabalhador com vínculo empregatício permanente e o trabalhador avulso" (inciso XXXIV), não elidiu a possibilidade

---

[1] ADI n. 5.132-DF, de 29.3.2021 (FENOP — Federação Nacional Dos Operadores Portuários. Intdos.: Presidente da República e Congresso Nacional. Am. Curiae: Associação Brasileira dos Terminais de Contêineres de Uso Público — ABRATEC e Associação Brasileira dos Terminais Portuários — ABTP). Rel.: Min. Gilmar Mendes; Redator do Acórdão: Min. Edson Fachin.

de que, dentro do preceituado pelas normas constitucionais, em atenção aos princípios da valorização social do trabalho (art. 1º, IV) e de justiça social (arts. 3º, I a III; 7º a 9º, 170 e 193), fossem reguladas de modo diverso para atender às particularidades e às condições de trabalhos próprias da relação laboral avulsa.

6. Constitui o OGMO ente a que se vincula de forma estável, isto é, de forma fixa e constante, o trabalhador portuário avulso, para fins de gozo de seus direitos trabalhistas. Parece adequado, portanto, que o prazo quinquenal ou bienal seja aplicado considerando o vínculo com o órgão gestor. A solução, por sua vez, possibilita a aplicação, na prática, do prazo quinquenal, privilegiando o espírito que animou o legislador constituinte ao promover a ampliação do prazo prescricional e da proteção social conferida ao trabalhador.

7. Pedido em ação direta de inconstitucionalidade julgado improcedente.[2]

---

[2] Disponível em: http://portal.stf.jus.br/processos/downloadpeca.asp?Id=15346159041&ext=.pdf. Acesso em: 13 fev. 2022.

PARTE IV
SERVIÇO PÚBLICO

1. SERVIDOR CELETISTA. COMPETÊNCIA. JUSTIÇA DO TRABALHO

O Excelso Pretório vai definir a competência para julgamento de ação ajuizada por servidor celetista contra o Poder Público. O tema é objeto do RE n. 1.288.440-SP[1], tendo sido reconhecida existência de repercussão geral da matéria, ficando o Min. Luiz Fux para relatar esse incidente. O extraordinário é da relatoria do Min. Luís Roberto Barroso.

Parte do noticiário é transcrito abaixo porque elucida bem a questão:

> *Na instância de origem, trata-se de ação ajuizada no âmbito dos Juizados Especiais da Fazenda Pública Estadual em que servidoras do Hospital das Clínicas da Faculdade de Medicina da Universidade de São Paulo regidas pelo regime celetista pleiteavam que os cálculos dos adicionais por tempo de serviço (quinquênios) incidissem sobre os vencimentos integrais.*
>
> *O Tribunal de Justiça do Estado de São Paulo (TJ-SP) negou recurso do hospital contra a sentença que reconheceu o direito das funcionárias. Segundo o TJ-SP, ainda que subordinadas à CLT, elas se equiparam a servidores públicos estaduais e, estando vinculadas ao regime jurídico de direito administrativo, compete à Justiça Comum julgar a demanda.*
>
> *No STF, o Hospital das Clínicas argumenta que a decisão da Justiça estadual contraria a jurisprudência dominante da Corte (Tema n. 853) de que é da Justiça do Trabalho a competência para processar e julgar demandas sobre prestações de natureza trabalhista ajuizadas contra órgãos da administração pública por servidores públicos*

---

[1] RE n. 1.288.440-SP, de 13.5.2021 (Hospital das Clinicas da Faculdade de Medicina da USP vs. Ana Maria de Paula, Luciana Harumi Hayashi Ueno, Conceição Pereira Cardoso, Ana Maria Franca Komada e Angela Elizabeth Veloso Silva). Rel.: Ministro Presidente.

que ingressaram em seus quadros, sem concurso público, antes da Constituição Federal de 1988, sob regime da CLT.

Divergências

Para o relator, ministro Luiz Fux, a matéria tratada no recurso tem ampla repercussão não somente sob o aspecto jurídico, mas também social e econômico.

O ministro disse que há, entre os ministros da Corte, nítida divergência sobre o critério para definição da competência da Justiça Comum ou do Trabalho nesses casos. Parte entende que o critério decisivo é a natureza do vínculo entre servidor e ente público, e, para outra, é a natureza do pedido e da causa de pedir formulado na demanda.

Diante disso, a seu ver, a definição é necessária, a fim de evitar o desperdício econômico causado pelo trâmite de ações, nas diversas instâncias do Poder Judiciário, por juízo incompetente e de conferir estabilidade aos pronunciamentos do Supremo.[2]

[2] Disponível em: http://portal.stf.jus.br/noticias/verNoticiaDetalhe.asp?idConteudo=466356&ori=1 Acesso em: 19 jun. 2021.

PARTE V
PREVIDÊNCIA SOCIAL

1. AVULSO. CONTRIBUIÇÃO PREVIDENCIÁRIA

O STF entendeu, unanimemente, valida a utilização da forma de cálculo prevista na Lei n. 8.212/90, que é a Lei de Custeio da Previdência Social, no que refere à constitucionalidade da expressão "de forma não cumulativa", constante do art. 20 do mencionado diploma. Na oportunidade, foi fixada tese de repercussão geral com o seguinte teor: "É constitucional a expressão 'de forma não cumulativa' constante do *caput* do artigo 20 da Lei n. 8.212/1991".

A decisão ocorreu no RE n. 852.796-RS[1], de 17.5.2021, relatado pelo Min. Dias Toffoli, cuja ementa é a seguinte:

> *Recurso extraordinário. Repercussão geral. Direito Tributário. Contribuições previdenciárias do empregado, inclusive, o doméstico, e do trabalhador avulso. Tributação progressiva. Possibilidade. Expressão "de forma não cumulativa" prevista no caput do art. 20 da Lei n. 8.212/91. Progressividade simples. Constitucionalidade.*
>
> *1. Há compatibilidade entre a progressividade e as contribuições previdenciárias devidas pelo empregado — inclusive o doméstico — e pelo trabalhador avulso vinculados ao regime geral de previdência social (RGPS), sendo certo que não existe, no texto constitucional, qualquer restrição quanto ao uso da mencionada técnica de tributação na disciplina dos tributos em questão.*
>
> *2. A expressão "de forma não cumulativa" constante do caput do art. 20 da Lei n. 8.212/91, utilizada no tratamento das contribuições em tela, traduz a opção do legislador pela progressividade simples, e não pela progressividade gradual. 3. Os aumentos de carga tributária decorrentes da não cumulatividade em tela são proporcionais aos aumentos correspondentes da base tributável*

---

[1] RE n. 852.796-RS, de 17.5.2021 (União vs. Flavio Nelson Keller). Relator: Min. Dias Toffoli.

e não configuram confisco. Inexistência de inconstitucionalidade na norma questionada.

4. Fixação da seguinte tese para o Tema n. 833 de repercussão geral: "É constitucional a expressão 'de forma não cumulativa' constante do caput do art. 20 da Lei n. 8.212/91".

5. Recurso extraordinário provido.[2]

[2] Disponível em: http://portal.stf.jus.br/processos/downloadPeca.asp?id=15346720539&ext=.pdf. Acesso em: 13 fev. 2022.

2. APOSENTADORIA ESPONTÂNEA. REINTEGRAÇÃO

O STF manteve decisão do TRF da 1ª Região confirmando a reintegração de funcionários dispensados da Empresa Brasileira de Correios e Telégrafos, após aposentadoria voluntária. O decisório foi majoritário no RE n. 655.283-DF[1], de 16.5.2021, originalmente relatado pelo Min. Marco Aurélio, sendo prolator do aresto o Min. Dias Toffoli, entendendo inclusive pela possibilidade de acumulação de vencimentos com os proventos de aposentadoria

A ementa do julgado é a seguinte:

Recurso extraordinário. Direito Constitucional. Processual. Administrativo. Tema n. 606 da sistemática da Repercussão Geral. Competência da Justiça Federal. Reintegração de empregados públicos. Empresa de Correios e Telégrafos. (ECT). Dispensa em razão de aposentadoria voluntária. Extinção do vínculo. EC n. 103, de 2019. Cumulação. Proventos e vencimentos. Recurso ordinário não provido.

1. Trata-se, in casu, de empregado público da Empresa de Correios e Telégrafos (ECT) que impetrou mandado de segurança em face de ato mediante o qual o Secretário Executivo do Conselho de Coordenação de Empresas Estatais e do Presidente da ECT determinou o desligamento dos empregados aposentados que se mantinham na ativa, nos termos da MP n. 1523/1996.

2. Compete à Justiça Federal processar e julgar ação cujo objeto seja a reintegração de empregados públicos dispensados em virtude de aposentadoria espontânea, bem como a cumulati-

[1] RE n. 655.283-DF, de 16.6.2021 (Rectes.: União e Empresa Brasileira de Correios e Telégrafos — ECT vs. Os mesmos e Federação das Associações de Aposentados dos Correios — FAACO). Rel.: Min. Marco Aurélio; Redator do Acórdão: Min. Dias Toffoli.

vidade de proventos com vencimentos, o que difere, em essência, da discussão acerca da relação de trabalho entre os empregados e a empresa pública, afastando-se a competência da Justiça do Trabalho.

3. Segundo o disposto no art. 37, § 14, da CF (incluído pela EC n. 103, de 2019), a aposentadoria faz cessar o vínculo ao cargo, emprego ou função pública cujo tempo de contribuição houver embasado a passagem do servidor/empregado público para a inatividade, inclusive quando feita sob o Regime Geral de Previdência Social.

4. A mencionada EC n. 103/19, contudo, em seu art. 6º, excluiu da incidência da regra insculpida no § 14 do art. 37 da Constituição Federal as aposentadorias concedidas pelo Regime Geral de Previdência Social até a data de sua entrada em vigor, sendo essa a hipótese versada nos autos.

5. Foi fixada a seguinte tese de repercussão geral: "A natureza do ato de demissão de empregado público é constitucional-administrativa e não trabalhista, o que atrai a competência da Justiça comum para julgar a questão. A concessão de aposentadoria aos empregados públicos inviabiliza a permanência no emprego, nos termos do art. 37, § 14, da CRFB, salvo para as aposentadorias concedidas pelo Regime Geral de Previdência Social até a data de entrada em vigor da Emenda Constitucional n. 103/19, nos termos do que dispõe seu art. 6º."

6. Recursos extraordinários não providos.[2]

---

[2] Disponível em: http://portal.stf.jus.br/processos/downloadPeca.asp?id=15348987317&ext=.pdf Acesso em: 13 fev. 2022.

3. PREVIDÊNCIA PRIVADA. COMPETÊNCIA. JUSTIÇA DO TRABALHO

Excelente decisão foi tomada pelo Pleno do STF que reconheceu repercussão geral (Tema 1.166) e reafirmou a jurisprudência da Corte no que refere à competência da Justiça do Trabalho para julgar reflexos de verbas nas contribuições de previdência privada (Plano de Previdência Complementar).

O decisório se deu no julgamento do RE n. 1.265.564-SC[1], de 2.9.2021, relatado pelo Min. Luiz Fux, Presidente do Tribunal, e sua ementa é a seguinte:

> *Recurso Extraordinário. Trabalhista. Competência. Pedido de condenação da empresa empregadora ao pagamento de verbas trabalhistas e ao consequente reflexo das diferenças salariais nas contribuições ao Plano de Previdência Complementar. Competência da Justiça do Trabalho. Inaplicabilidade do Tema 190 da repercussão geral. Precedentes. Multiplicidade de recursos extraordinários. Controvérsia constitucional dotada de repercussão geral. Reafirmação da jurisprudência do Supremo Tribunal Federal. Recurso Extraordinário desprovido.*[2]

---

[1] RE n. 265.564-SC, de 2.9.2021. (Banco do Brasil S/A vs. Ary Cesário dos Santos Filho). Relator: Ministro Presidente.

[2] Disponível em: http://portal.stf.jus.br/processos/downloadPeca.asp?id=15347781880&ext=.pdf. Acesso em: 13 fev. 2022.

PARTE VI
OUTROS TEMAS

1. SÚMULAS VINCULANTES DO STF SOBRE MATÉRIA TRABALHISTA

Nenhuma Súmula Vinculante foi aprovada no decorrer do ano judiciário de 2019 e, em 2020, foram aprovados duas sobre matéria tributária. Atualmente, existem 58 Súmulas Vinculantes aprovadas pelo Excelso Pretório. As que tratam de matéria trabalhista estão abaixo transcritas, com a indicação da fonte de publicação, da legislação pertinente e dos respectivos precedentes.

Súmula Vinculante n. 4

Salvo nos casos previstos na Constituição, o salário mínimo não pode ser usado como indexador de base de cálculo de vantagem de servidor público ou de empregado, nem ser substituído por decisão judicial.

Fonte de Publicação

DJe n. 83/2008, p. 1, em 9/5/2008; DOU de 9/5/2008, p. 1.

Legislação

Constituição de 1988, art. 7º, IV e XXIII; art. 39, §§ 1º e 3º; art. 42, § 1º; art. 142, § 3º, X.

Precedentes

RE n. 236396, RE n. 208684, RE n. 217700, RE n. 221234, RE n. 338760, RE n. 439035, RE n. 565714

Súmula Vinculante n. 6

Não viola a Constituição o estabelecimento de remuneração inferior ao salário mínimo para as praças prestadoras de serviço militar inicial.

Fonte de Publicação

DJe n. 88/2008, p. 1, em 16/5/2008; DOU de 16/5/2008, p. 1.

Legislação

Constituição de 1988, art. 1º, III; art. 5º, *caput*; art. 7º, IV; art. 142, § 3º, VIII, (redação dada pela Emenda Constitucional n. 18/1998); art. 143, *caput*, §§ 1º e 2º. Medida Provisória n. 2215/2001, art. 18, § 2º.

Precedentes
RE n. 570177; RE n. 551453; RE n. 551608; RE n. 558279; RE n. 557717; RE n. 557606; RE n. 556233; RE n. 556235; RE n. 555897; RE n. 551713; RE n. 551778; RE n. 557542

Súmula Vinculante n. 10
Viola a cláusula de reserva de plenário (CF, artigo 97) a decisão de órgão fracionário de tribunal que, embora não declare expressamente a inconstitucionalidade de lei ou ato normativo do poder público, afasta sua incidência, no todo ou em parte.

Fonte de Publicação
DJe n. 117/2008, p. 1, em 27/6/2008; DOU de 27/6/2008, p. 1

Legislação
Constituição de 1988, art. 97.

Precedentes
RE n. 482090; RE n. 240096; RE n. 544246; RE n. 319181; AI n. 472897 AgR

Súmula Vinculante n. 13
A nomeação de cônjuge, companheiro ou parente em linha reta, colateral ou por afinidade, até o terceiro grau, inclusive, da autoridade nomeante ou de servidor da mesma pessoa jurídica investido em cargo de direção, chefia ou assessoramento, para o exercício de cargo em comissão ou de confiança ou, ainda, de função gratificada na administração pública direta e indireta em qualquer dos Poderes da União, dos Estados, do Distrito Federal e dos Municípios, compreendido o ajuste mediante designações recíprocas, viola a Constituição Federal.

Fonte de Publicação
DJe n. 162/2008, p. 1, em 29/8/2008; DOU de 29/8/2008, p. 1.

Legislação
Constituição de 1988, art. 37, *caput*

Precedentes
ADI n. 1521 MC; MS n. 23780; ADC n. 12 MC; ADC n. 12; RE n. 579951

Súmula Vinculante n. 15
O cálculo de gratificações e outras vantagens do servidor público não incide sobre o abono utilizado para se atingir o salário mínimo.

Fonte de Publicação
DJe n. 121/2009, p. 1, em 1/7/2009; DOU de 1º/7/2009, p. 1.

Legislação
Constituição de 1988, art. 7º, IV.

Precedentes
RE n. 439360 AgR; RE n. 518760 AgR; RE n. 548983 AgR; RE n. 512845 AgR; RE n. 490879 AgR; RE n. 474381 AgR; RE n. 436368 AgR; RE n. 572921 RG-QO

Súmula Vinculante n. 16
Os artigos 7º, IV, e 39, § 3º (redação da EC n. 19/98), da Constituição, referem-se ao total da remuneração percebida pelo servidor público.

Fonte de Publicação
DJe n. 121/2009, p. 1, em 1º/7/2009; DOU de 1º/7/2009, p. 1.

Legislação
Constituição de 1988, art. 7º, IV; art. 39, § 2º (redação anterior à Emenda Constitucional n. 19/1998); art. 39, § 3º (redação dada pela Emenda Constitucional n. 19/1998); Emenda Constitucional 19/1998.

Precedentes
RE n. 199098; RE n. 197072; RE n. 265129; AI n. 492967 AgR; AI n. 601522 AgR; RE n. 582019 RG-QO

Súmula Vinculante n. 17
Durante o período previsto no parágrafo 1º do artigo 100 da Constituição, não incidem juros de mora sobre os precatórios que nele sejam pagos.

Fonte de Publicação
DJe n. 210 de 10/11/2009, p. 1; DOU de 10/11/2009, p. 1.

Legislação
Constituição de 1988, art. 100, § 1º (redação dada pela Emenda Constitucional n. 30/2000) e § 5º (redação dada pela Emenda Constitucional n. 62/2009).

Precedentes
RE n. 591085 RG-QO; RE n. 298616; RE n. 305186; RE n. 372190 AgR; RE n. 393737 AgR; RE n. 589345; RE n. 571222 AgR; RE n. 583871

Súmula Vinculante n. 22

A Justiça do Trabalho é competente para processar e julgar as ações de indenização por danos morais e patrimoniais decorrentes de acidente de trabalho propostas por empregado contra empregador, inclusive aquelas que ainda não possuíam sentença de mérito em primeiro grau quando da promulgação da Emenda Constitucional n. 45/04.

Fonte de Publicação

DJe n. 232/2009, p. 1, em 11/12/2009; DOU de 11/12/2009, p. 1.

Legislação

Constituição de 1988, art. 7º, XXVIII; art. 109, I; art. 114.

Precedentes

CC n. 7204; AI n. 529763 AgR-ED; AI n. 540190 AgR; AC n. 822 MC

Súmula Vinculante n. 23

A Justiça do Trabalho é competente para processar e julgar ação possessória ajuizada em decorrência do exercício do direito de greve pelos trabalhadores da iniciativa privada.

Fonte de Publicação

DJe n. 232/2009, p. 1, em 11/12/2009; DOU de 11/12/2009, p. 1.

Legislação

Constituição de 1988, art. 114, II.

Precedentes

RE n. 579648; CJ 6959; RE n. 238737; AI n. 611670; AI n. 598457; RE n. 555075; RE n. 576803

Súmula vinculante n. 25

É ilícita a prisão civil de depositário infiel, qualquer que seja a modalidade do depósito.

Fonte de Publicação

DJe n. 238 de 23/12/2009, p. 1; DOU de 23/12/2009, p. 1.

Legislação

Constituição de 1988, artigo 5º, LXVII e § 2º; Convenção Americana sobre Direitos Humanos (Pacto de S. José da Costa Rica), artigo 7º, § 7º; Pacto Internacional sobre Direitos Civis e Políticos, artigo 11.

Precedentes

RE n. 562.051; RE n. 349.703; RE n. 466.343; HC n. 87.585; HC n. 95.967; HC n. 91.950; HC n. 93.435; HC n. 96.687 MC; HC n. 96.582; HC n. 90.172; HC n. 95.170 MC

Súmula Vinculante n. 37

Não cabe ao Poder Judiciário, que não tem função legislativa, aumentar vencimentos de servidores públicos sob o fundamento de isonomia.

Fonte de Publicação

DJe n. 210 de 24/10/2014, p. 2; DOU de 24/10/2014, p. 1.

Legislação

Constituição de 1988, art. 2º; art. 5º, "caput" e II; e art. 37, X; Súmula 339 do STF.

Precedentes

RE n. 592317; RE n. 173252; RMS 21662; RE n. 711344 AgR; RE n. 223452 AgR; RE n. 637136 AgR; ARE n. 762806 AgR; RE n. 402467 AgR

Súmula Vinculante n. 40

A contribuição confederativa de que trata o art. 8º, IV, da Constituição Federal, só é exigível dos filiados ao sindicato respectivo.

Fonte de publicação

DJe n. 55 de 20/03/2015, p. 1; DOU de 20/03/2015, p. 1

Legislação

Constituição de 1988, art. 8, IV.; Súmula 666 do STF.

Precedentes

RE n. 495248 AgR; AI n. 731640 AgR; AI n. 706379 AgR; AI n. 654603 AgR; RE n. 176533 AgR; AI n. 672633 AgR; AI n. 657925 AgR; AI n. 612502 AgR; AI n. 609978 AgR; RE n. 461451 AgR; AI n. 476877 AgR; AI n. 499046 AgR; RE n. 224885 AgR; RE n. 175438 AgR; RE n. 302513 AgR; AI n. 351764 AgR; AI n. 339060 AgR; AI n. 313887 AgR; RE n. 193174; RE n. 195885; RE n. 196110; RE n. 222331; RE n. 171905 AgR; RE n. 173869; RE n. 198092

Súmula Vinculante n. 53

A competência da Justiça do Trabalho prevista no art. 114, VIII, da Constituição Federal alcança a execução de ofício das contribuições

previdenciárias relativas ao objeto da condenação constante das sentenças que proferir e acordos por ela homologados.

Fonte de Publicação

DJe n. 121 de 23/06/2015, p. 2; DOU de 23/06/2015, p. 2.

Referência Legislativa

Constituição de 1988, art. 114, VIII.

Precedente

RE n. 569056

Súmula Vinculante n. 55

O direito ao auxílio-alimentação não se estende aos servidores inativos.

Fonte de Publicação

DJe n. 54 de 28/03/2016, p. 1; DOU de 28/03/2016, p. 134.

Referência Legislativa

Constituição de 1988, art. 40, § 4º.

Precedentes

ARE n. 757614; RE n. 633746; ARE n. 762911; AI 747734; AI n. 738881; RE n. 563271; RE n. 332445; RE n. 318684; RE n. 301347; RE n. 263204 AgR; RE n. 231326; RE n. 229652; RE n. 231216; RE n. 236199; RE n. 227331; RE n. 236449; RE n. 228083; RE n. 231389; RE n. 220713; RE n. 220048.

ÍNDICES

ÍNDICE GERAL

ÍNDICE DOS JULGADOS PUBLICADOS NA COLETÂNEA

VOLUMES 1 A 25

N. do Julgado	Volume	Página
ADIn 5.306-MT	25	105
ADIn 5.326-DF	19/22	91/72
ADIn 5.329-DF	19	128
ADIn 5.340-DF	19	72
ADIn 5.367-DF	23-24	29
ADIn 5.450-DF	23-24	45
ADIn 5.367-DF	19	38
ADIn 5.516-DF	20	184
ADIn 5.519-DF	20	189
ADIn 5.583-DF	25	30
ADIn 5.685-DF	21/23-24	47/55
ADIn 5.686-DF	21/23-24	47/56
ADIn 5.687-DF	21/23-24	47/56
ADIn 5.695-DF	21/23-24	47/56
ADIn 5.735-SF	21/23-24	46/56
ADIn 5.766-DF	25	107
ADIn 5.769-DF	21	35
ADIn 5.766-DF	21	88
ADIn 5.785-DF	21	99
ADIn 5.794-DF	21/22	60/61
ADIn 5.806-DF	21	52/60
ADIn 5.810-DF	21	60
ADIn 5.815-DF	21	60
ADIn 5.826-DF	21/23-24	52/64
ADIn 5.829-DF	21/23-24	52/64
ADIn 5.880-DF	22	53
ADIn 5.867-DF	22/23-24	94/109
ADIn 5.870-DF	23-24	36
ADIn 5.938-DF	22/23-24	25/47
ADIn 5.994-DF	22	40
ADIn 6.021-DF	23-24	109
ADIn 6.035-DF	22	109
ADIn 6.050-DF	23-24	39
ADIn 6.069-DF	23-24	36
ADIn 6.082-DF	23-24	36
ADIn 6.096-DF	23-24	138

N. do Julgado	Volume	Página
ADIn 6.142-DF	23-24	92
ADIn 6.154-DF	23-24	64
ADIn 6.206-DF	23-24	129
ADIn 6.327-DF	23-24	52
ADIn 6.363-DF	23-24	33
ADIn 6.371-DF	23-24	32
ADIn 6.379-DF	23-24	32
ADIn 6.418-RO	25	23
ADIn 6.742-DF	25	28
ADIn-MC 1.121-9-RS	1	50
ADIn-MC 1.567-2-DF	1	100
ADIn-MC 1.721-3-DF	7	22
ADIn-MC 2.111-7-DF	7	139
ADIn-MC 2.176-1-RJ	4	177
ADIn-MC 3.126-1-DF	8/9	92/92
ADIn-MC 3.472-3-DF	9	117
ADPF-47-5-PA	12	26
ADPF-MC 54-8-DF	8	155
ADPF-109-SP	21	31
ADPF-123-DF	21	66
ADPF-151-DF	14/15	38/45
ADPF-152-DF	22	33
ADPF-262-DF	22	92
ADPF-264-DF	18	99
ADPF-275-PB	17/22	137/97
ADPF-276-DF	17	90
ADPF-277-DF	17	90
ADPF-293-RJ	17	29
ADPF-323-DF	20/25	61/100
ADPF-324-DF	22/23-24	54/57
ADPF-355-DF	19	19
ADPF-361-DF	19	91/98
ADPF-363-DF	19	62
ADPF-367-DF	19/23-24	38/29
ADPF-381-DF	20	21
ADPF-419-DF	25	33

N. do Julgado	Volume	Página
RE 196.517-7-PR	5	57
RE 197.807-4-RS	4	32
RE 197.911-9-PE	1	74
RE 198.092-3-SP	1	66
RE 199.142-9-SP	4	57
RE 200.589-4-PR	3	64
RE 201.572-5-RS	5	157
RE 202.063-0-PR	1	59
RE 202.146-6-RS	3	130
RE 203.271.9-RS	2	95
RE 204.126-2-SP	6	187
RE 204.193-9-RS	5	156
RE 205.160-8-RS	3	77
RE 205.170-5-RS	2	48
RE 205.701-1-SP	1	36
RE 205.815-7-RS	1	27
RE 206.048-8-RS	5	195
RE 206.220-1-MG	3	74
RE 207.374-1-SP	2	109
RE 207.858-1-SP	3	67
RE 209.174-0-ES	2	149
RE 210.029-1-RS	7	47
RE 210.069-2-PA	3	132
RE 210.638-1-SP	2	123
RE 212.118-5-SP	5	59
RE 213.015-0-DF	6	134
RE 213.111-3-SP	7	47
RE 213.244-6-SP	2	40
RE 213.792-1-RS	2	98
RE 214.668-1-ES	7/10	47/75
RE 215.411-3-SP	5	30
RE 215.624-8-MG	4	106
RE 216.214-1-ES	4	142
RE 216.613-8-SP	4	52
RE 217.162-2-DF	3	125
RE 217.328-8-RS	4	50

ÍNDICE DOS MINISTROS DO STF PROLATORES DOS JULGADOS CITADOS

VOLUMES 1 A 25

(O primeiro número [em negrito] corresponde ao volume, e os demais correspondem às páginas iniciais dos julgados)

VOLUMES 1 A 25
(Os primeiros números correspondem ao volume, e o segundo, à página inicial do julgado)

Competência